U0806933

新媒体时代中国对外出版体系建设与创新研究

张立　孙瑞淇　等　编著

山东大学出版社
SHANDONG UNIVERSITY PRESS
·济南·

图书在版编目(CIP)数据

新媒体时代中国对外出版体系建设与创新研究/张立等编著. -- 济南:山东大学出版社,2024.11.

ISBN 978-7-5607-8470-0

I. G239.2

中国国家版本馆CIP数据核字第2024D0L935号

策划编辑　刘彤

责任编辑　董戈

封面设计　杨波

新媒体时代中国对外出版体系建设与创新研究

XINMEITI SHIDAI ZHONGGUO DUIWAI CHUBAN TIXI JIANSHE YU CHUANGXIN YANJIU

出版发行　山东大学出版社

社　　址　山东省济南市山大南路20号

邮政编码　250100

发行热线　(0531)88363008

经　　销　新华书店

印　　刷　济南乾丰云印刷科技有限公司

规　　格　720毫米×1000毫米　1/16

11.5印张　213千字

版　　次　2024年11月第1版

印　　次　2024年11月第1次印刷

定　　价　59.00元

《新媒体时代中国对外出版体系建设与创新研究》参与编写人员

孙晓翠	吕晓峰	王姿懿
杨海玉	王　萌	常静娴
许伊萌	孙　然	张馨月
林　青	谢晓静	王若茜

目　录

第一章　对外出版体系建设的发展背景和理论逻辑

对外出版是构建国家形象、维护国家利益的重要方式之一，往往需要两种语言，甚至涉及两种文化、两种不同的社会政治制度。[①]为确保对外宣传拥有更优质的传播效果，并向国际展现出更优秀的软文化，对外出版体系的建设是必不可少的，能够为国家创造更多贡献。

新媒体时代的强数字特征对我国对外出版体系建设和发展提出了新要求并给出了新思路。在国家文化数字化战略的明确指导下，通过先进的科技手段，数字出版不仅实现了对传统文化的现代化转型，更拓宽了文化传播的渠道，让更多人能够便捷地接触、了解和喜爱中华优秀传统文化，从而进一步促进了文化的传承与发展。数字出版对外传播体系在建设文化强国、数字中国、数字丝绸之路，构建中国话语和叙事体系，创新中华文化“走出去”路径方面具有重要的文化战略意义。[②]本章将对我国对外出版体系建设的背景和理论逻辑进行阐述。

第一节　发展背景

新媒体环境下，我国对外出版体系建设呈现出新的生机和面貌。正确的理

---

① 阳继波．对外出版的外宣意识研究[J]．科技传播，2018，10(23)：170-171.

② 裴永刚，索煜祺．文化数字化战略下我国数字出版对外传播体系建设[J]．出版广角，2024(1)：34-40.

论与政策指导提供了一定的制度支持，蓬勃发展的经济态势为对外出版体系建设奠定了经济基础，社会环境的开放程度以及大众态度对于对外出版的建设发展产生了重要影响，繁荣的文化进一步加速了对外出版的建设。

一、政治背景

政治环境是构建中国对外出版体系的重要基石，它不仅为出版业提供了发展的土壤，还为其指明了前进的方向。在当前全球化深入发展的时代背景下，文化软实力已成为国家综合国力的重要组成部分，出版业作为传播文化、弘扬价值观的重要载体，其地位和作用愈发凸显。

1.政策沿革

在中国出版业"走出去"战略提出之前，图书商品输出、图书版权输出以及海外直接投资的制度安排相对简单，主要遵循通用的贸易和投资规则及《出版管理条例》《保护文学和艺术作品伯尔尼公约》和《世界版权公约》。[①]然而，这些制度安排在全球化背景下显得较为乏力，无法满足中国文化走向世界、扩大海外影响力、提升国家文化"软实力"的战略需求。因此，政府相关部门根据时代的发展，提供了及时且适当的制度供给和新的制度安排，以满足现实的迫切需求。

本章政策沿革部分按时间顺序梳理了"十五"时期以来国家出台的关于支持图书对外翻译出版的相关政策，勾画了其各个时期完善演变的轨迹。

"十五"时期是新闻出版业改革和出版"走出去"的萌芽阶段。这一时期，"走出去"开始进入中国的视野。2000年10月，中共十五届五中全会上首次提出"走出去"战略方针。在该阶段，"走出去"战略为我国经济快速发展、结构转型以及对外开放作出了巨大贡献。由此，随着我国经济发展以及对外开放水平的不断提升，"走出去"战略在多个领域不断纵深发展。2003年1月，出版"走出去"正式成为我国新闻出版业发展战略，国家新闻出版署号召和鼓励外向型出版单位，特别是实力雄厚的出版集团到海外发展。同年，我国还全面启动了扶持中国图书"走出去"的"金水桥计划"，该计划旨在资助海外出版机构翻译和出版中国图书。自出版"走出去"正式提出以来，国家相继出台了多项推动出版"走出去"的政策与文件，启动了多个对外出版项目。2004年下半年，在借鉴法

① 潘文年.中国出版业"走出去"研究[D].南京：南京大学，2011.

国政府扶持本国图书输往海外的经验的基础上，国务院新闻办公室与国家新闻出版署共同启动了“中国图书对外推广计划”，旨在“向世界说明中国，让世界各国人民更完整、更真实地了解中国”。这是中国政府第一次直接资助中国图书的对外推广，借此推动中国文化产业的“走出去”。该计划主要以资助翻译费的方式鼓励海外出版机构翻译、出版中国图书，使全球读者能够通过以自己熟悉的文字阅读中国图书来更好、更多地了解中国。“十五”时期是实施出版“走出去”战略以后图书对外翻译出版政策的起航阶段。这个阶段，首倡了中国出版“走出去”，出台了首个图书对外翻译出版政策项目——“中国图书对外推广计划”，标志着中国的图书对外翻译出版进入了从单一渠道对外推介转向整个行业向全世界推广的新阶段。

“十一五”时期是新闻出版业改革的发展阶段，是出版“走出去”的探索阶段。出版“走出去”战略的提出，引起了国家的重视，国家和新闻出版领域对出版“走出去”充满了希望与期待。因此，国家加大了推动出版“走出去”的扶持力度，这在出台的部分国家政策中有所体现。2006年底，国家新闻出版署公布《新闻出版业“十一五”发展规划》，提出了推动中国新闻出版业“十一五”期间发展的八大战略。其中第七大战略就是积极实施“中国新闻出版业走出去”战略。2007年，胡锦涛在党的十七大报告中首次明确提出了“提高国家文化软实力”的战略思想，这表明我们党和国家已经把提升国家文化软实力作为实现中华民族伟大复兴的新的战略着眼点。从2009年开始，国家在“中国图书对外推广计划”的基础上，又全面推动“中国文化著作翻译出版工程”。该工程以资助系列图书产品的出版为主，采取政府资助、联合翻译出版、商业运作发行等方式资助书稿的翻译费用及图书的出版和推广费用，旨在把更多的中国文化介绍给世界，让全世界更多的人了解中华文明、共享中华文明。2009年，为了推动中国图书和中国文化走向世界，国家新闻出版署启动“经典中国国际出版工程”，遴选展现中国真实形象和社会面貌的图书，重点资助“中国学术名著系列”和“名家名译系列”两大子项目，以提升中国文化“软实力”并规范出版业“走出去”活动。2010年，国家新闻出版署正式实施了“中国出版物国际营销渠道拓展工程”，包括“国际主流营销渠道合作计划”“全球百家华文书店中国图书联展”以及“跨国网络书店培育计划”三个子项目，以贯彻、落实国务院制定的《文化产业振兴规划》，提高中国出版物的国际市场份额及国际影响力，开拓中国出版物国际营销渠道，使中国图书更快捷地走向世界。拟在“十二五”期间，构建一个包括国际主流营销渠道、海外主要华文书店和重要国际网络书店在内的中国出版物海外立体营销网络体系，旨在推动数量更多的国内出版社出版的优秀中文版和外文版图书走向世界。“十一五”时期是图书对外翻译出版政策的摸索阶段。这一阶段，政府及相关管理部门开始出台图书对外翻译出版的相关政策，倡导“提高国家文化软实力”，出版“走出去”开始有了国家层面的政策支持，支持图书对外翻译出版的相关论述也开始在国家政策中出现。同时，“中外图书互译计划”“经典中国国际出版工程”“中国文化著作翻译出版工程”“中华学术外译项目”等多个支持图书对外翻译出版的政策项目也陆续实施。

在“十二五”期间，2011年，首个出版“走出去”专项计划——《新闻出版业“十二五”时期“走出去”发展规划》正式颁布，对“走出去”内涵外延进行明确界定，涵盖实物产品、数字出版产品、版权、印刷服务、企业和资本“走出去”[①]等六个方面。2012年，出版“走出去”第一份正式的政策文件《关于加快我国新闻出版业走出去的若干意见》出台，第一次明确了出版“走出去”在出版业发展中的核心重要地位[②]，该意见中的各项要求与意见仍然有效。在2013年，党中央提出“一带一路”倡议，新闻出版业也紧跟国家政策，2014年启动“丝路书香工程”，旨在加快中国优秀图书在“一带一路”沿线国家的推广和传播，从而扩大中国的文化影响力。随着我国“一带一路”建设的不断深入，我国出版业的主要“走出去”战略方向已从欧美主流市场逐渐转向丝路沿线国家。[③]与此同时，随着我国更积极地参与全球开放合作、推动全球经济治理体系的改善，以及促进全球共同发展和繁荣，与我国进行“一带一路”合作的国家及国际组织数量也在持续增长。[④]“十二五”时期是图书对外翻译出版政策的发展阶段。在这个阶段，政府及相关管理部门出台了一系列更具有针对性的图书对外翻译出版政策，实施了“丝路书香工程”和“图书版权输出奖励计划”两个政策项目，规划了出版“走出去”的布局，标志着中国图书的对外翻译出版进入了“政府主导、企业主体”的新阶段。

由此，在“十三五”期间，在以往对外出版的坚实基础上，《新闻出版业“十三五”时期“走出去”专项规划》积极推动数字出版产品“走出去”。政府相关管理部门还通过组织实施一系列重大工程项目，推动数字出版产品“走出去”，如出版物国际传播工程、出版物国际推广工程、出版本土化工程、对外出版交流工

① 张福海，郝振省.新闻出版业走出去工作指南(上)[M].北京：高等教育出版社，2014：3.

② 孙云鹏.新时代出版“走出去”工作的探索与思考[J].科技与出版，2022(2)：63-67.

③ 姜伟娜.近代中国出版走出去研究[D].北京：北京印刷学院，2015.

④ 姜伟娜.近代中国出版走出去研究[D].北京：北京印刷学院，2015.

程、基础建设项目等。数字出版产品“走出去”在政府强有力的引领下稳步推进。2016年，中央全面深化改革领导小组第二十九次和三十次会议分别审议通过《关于进一步加强和改进中华文化走出去工作的指导意见》和《关于加强“一带一路”软力量建设的指导意见》。2018年，中央全面深化改革委员会第五次会议又审议通过《关于加强和改进出版工作的意见》。在此期间，中共中央宣传部、国家新闻出版广电总局等有关部门也先后出台相应专项规划和工作方案，为“十三五”时期我国出版“走出去”指明了前进方向，提供了根本遵循。[①]在经过“十五”时期、“十一五”时期和“十二五”时期的演变之后，图书对外翻译出版政策在“十三五”时期迈入了成熟阶段。这个阶段，倡导“讲好中国故事、传播好中国声音、阐释好中国特色、树立好中国形象”。其间出台的图书对外翻译出版政策，出现重视顶层设计、规划出版“走出去”的布局、重视内容建设、提倡“互利共赢、包容共进”、强调“出版本土化”等新特点，并推出了“图书‘走出去’基础书目库”这一政策项目。

2021年，《出版业“十四五”时期发展规划》结合“十三五”时期的成效，对“十四五”期间出版业高水平“走出去”提出了新的目标，在加强出版“走出去”内容建设、拓展出版“走出去”方式渠道、增强出版国际竞争力影响力等三方面提供了指导方向。

2022年，国家新闻出版署发布《关于做好2022年经典中国国际出版工程和丝路书香工程有关工作的通知》。以书为媒讲好新时代中国故事，提升中华文化国际影响力，深化中外文明交流互鉴。通知明确了工作重点，包括推动习近平总书记重要论述学习读本等对外译介出版发行，迎接、宣传、贯彻党的二十大，宣介党的十九届六中全会精神，展现新时代历史性成就和变革等内容。同时，对项目申报范围、方式等作出具体规定。2023年，加大金融扶持政策。国家出台了一系列金融扶持政策，包括提供贷款、资金补贴、税收优惠等多种方式来支持新闻出版企业“走出去”。国内多家银行和金融机构提供融资、担保等金融服务，帮助企业解决资金难题。资本市场开放与发展，新闻出版企业可通过股权、债券等方式融资。国家发展改革委发布《产业结构调整指导目录(2023年本)》，支持文化创意产品开发、制作、传播、出版、衍生产品开发、版权保护、监管及相关技术开发应用，推动文化产业的发展，促进文化旅游、文物、博物馆、文化遗产的保护和利用，为出版行业“走出去”提供了相关产业发展的政策支持和引导。

---

① 范军，邹开元.“十三五”时期我国出版走出去发展报告[J].中国出版，2020(24)：3-10.

综上，国家出台的有关出版“走出去”的一系列方针政策措施，为我国出版业对外传播和发展提供了有力支持。同时，这些政策加强了与国际出版机构的合作和交流，推动了中华文化在国际舞台上的传播和交流。这些举措不仅促进了中国对外出版体系的建设，而且为出版业的发展注入了新的活力。

2.政治环境

在21世纪风云变幻的国际舞台上，科技的不断进步推动了国际出版业在产业结构和发展模式上的深刻变革，需要重新构建国际出版的新格局。历经70多年的发展，我国出版业规模不断扩大，社会影响力日益增强，出版结构布局更加合理，体制机制持续创新，法律法规逐渐完善。如今，我国出版业已成为全球出版领域的一股重要力量。

在国际出版业的大环境中，国际政治格局的演变为中国构建对外出版体系带来了崭新契机。政治环境不仅是中国对外出版体系建设的根本指引，更是其坚实的后盾。当前，国家间的文化交流与竞争日益加剧，文化软实力已成为衡量国家综合实力的重要标准。作为全球第二大经济体，中国的政治稳定与经济繁荣为其对外出版体系的建设奠定了坚实基础。此外，随着全球化的不断推进与我国综合国力的稳步增强，国际文化交流与互动日益密切，为中国出版业拓展国际市场提供了无限可能。中国出版业正紧抓这一时代机遇，积极与国际市场接轨，进一步加大中国出版物在国际舞台上的传播与推广力度。

就当前出版国际局势来说，在新媒体、新技术的浪潮下，全球出版业在动荡的局势中艰难前行，传统出版转型进程略显疲态，但依旧维持着美国、英国、德国等欧美巨头国家垄断的局势。长久以来，对外出版体系建设对国家国际话语权、国际渠道、国际资本运作等方面较为依赖，规模效应显著，形成了巨头垄断的格局。当前全球出版业中，英国、德国、美国、法国、日本、加拿大、中国等国占据了主要出版市场，其中美国、英国和德国形成了巨头垄断的发展格局。以出版集团国际化来说，依据2023年RWCC国际书业研究院发布的“全球出版50强”，从集团营收表现与市场份额数据来看，全球出版业一半以上的企业市场营收都集中在美国和德国，英国、法国、日本、意大利、荷兰和中国积极争夺剩下的市场份额。该名单历年排名存在变化，出版企业国际化竞争实力强劲。中国处于全球出版竞争的第二梯队，虽有凤凰出版传媒集团进入全球出版企业前十行列，但整体分布不均，出版业综合竞争力较弱。[①]

① 胡译文.全球价值链视角下中国出版业国际化路径研究：基于四家中国出版集团的跨案例分析[D].上海：华东政法大学，2023.

当前，中国对外出版面临国际局势动荡、中美贸易摩擦加剧、英国“脱欧”影响持续、新冠疫情暂时性阻断全球价值链条、“逆全球化”浪潮阻碍等重重风险，国际竞争上仍处于有所上升但整体在弱势地位的趋势。

二、经济背景

经济因素是推动中国对外出版体系建设的重要动力。随着中国经济的崛起和持续发展，人民群众的生活品质稳步提升，人民群众的精神文化需求日益增长，这为出版业的发展提供了广阔的市场空间。

在国内外经济环境中，中国经济的快速增长为出版业提供了强大的物质基础。随着国家文化产业的繁荣发展，出版业作为其中的重要组成部分，得到了政策的大力扶持和市场的广泛关注。中国对外出版业不断深入全球出版市场，在国际化规模、国际出版贸易和版权贸易逆差、国际合作项目和企业国际化经营能力等方面取得了长足进展和显著成效，都呈现出不断上升的趋势，为中华文化的国际传播奠定了坚实基础。对外出版经济成效主要从以下几个方面体现。

其一，中国出版业国际化规模总体呈上升趋势，且逐渐趋于稳定。新冠疫情之前，中国出版业国际化规模持续保持上升趋势，且传统出版依旧是国际化“主力军”。2019年，中国出版累计出口10766.1万美元，较2018年增长了6.7%，其中传统出版物占总额的69.5%。同年，中国出版物版权出口共14816项，同比增长25.2%。受疫情影响，中国出版规模总量和国际进出口规模都有所下降，但数字出版却在全球疫情影响下迎来了新机遇。2020年，中国出版产品共417.5亿册，同比下降7.4%，同时中国出版业及相关业务营收16776亿元，同比下降11.2%。国际化方面受到的影响更为明显，2020年中国出版累计出口8297.0万美元，同比下降22.9%，出版物版权出口13895项，同比降低6.3%，出版出口贸易和版权贸易都受到一定影响呈下降趋势。其中传统出版物出口总额下降36.9%，数字出版物出口增长9.0%，可见疫情对全球阅读消费习惯的影响促进了中国数字出版国际化的提升。但中国数字出版产品和服务在全球出版业的市场占有率仅不到5%，中国数字出版国际化依旧处于劣势地位。整体来看，当下出版国际规模在逐渐恢复，趋势平稳。2010—2023年全国图书、期刊、报纸和音像、电子出版物进出口总额如图1.1所示，贸易逆差如图1.2所示。

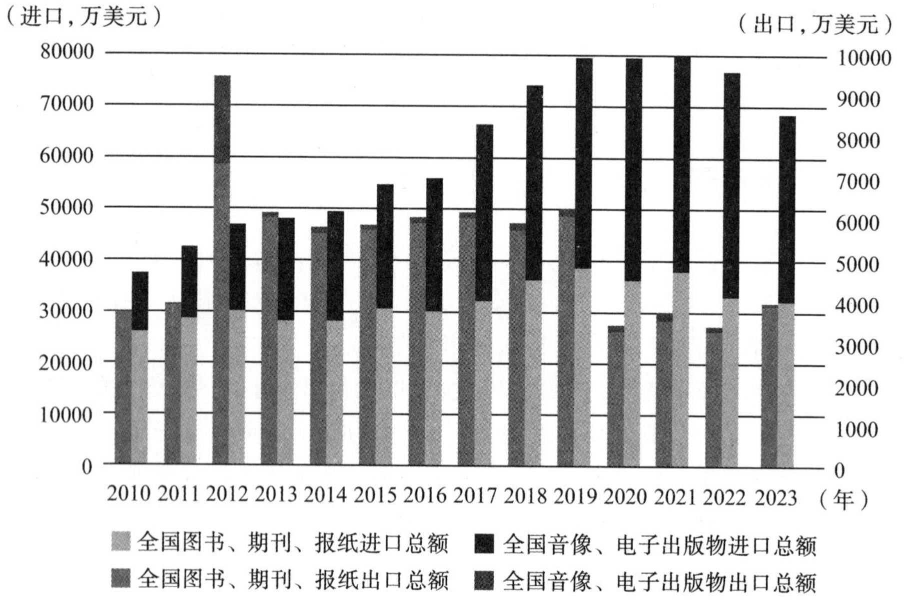

图1.1　2010—2023年中国图书、期刊、报纸和音像、电子出版物进出口总额

注：全国图书、期刊、报纸出口总额和全国音像、电子出版物出口总额在次坐标轴。

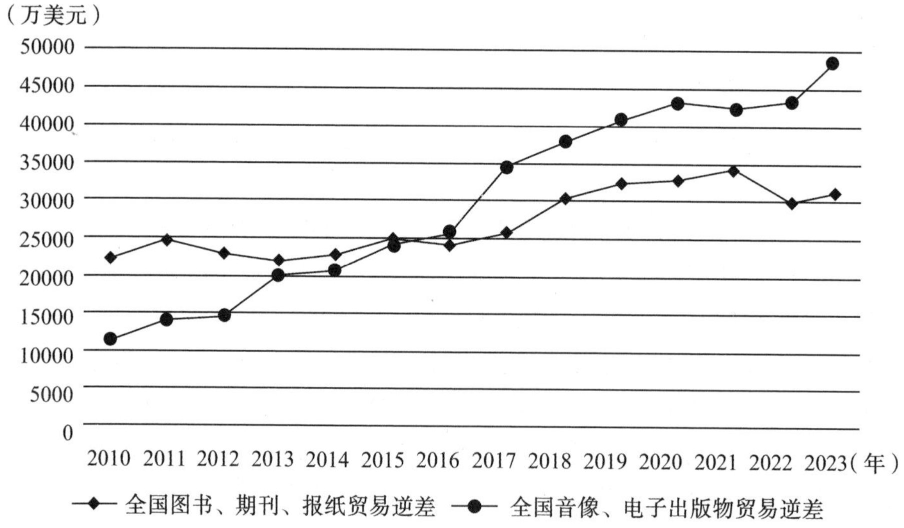

图1.2　2010—2023年中国图书、期刊、报纸和音像、电子出版物贸易逆差

其二，中国出版业国际化版权对外贸易总量逆差不断缩小（见图1.3），但销售额贸易逆差不断增大，中国出版内容国际市场认可度和国际化竞争力不足。

2006—2020年中国出版业国际出口贸易总额和版权贸易都大幅提升，其中中国出版物国际化版权贸易总量的提升，版权贸易逆差也逐步缩小，说明中国通过参与国际书展、国际合作项目等方式助推中国出版物版权进入国际市场有显著作用。虽然中国出版业国际出口贸易总额呈上升走势，但出版国际进出口贸易逆差却逐步增大，中国出版业国际化贸易能力并未得到提升。版权贸易逆差缩小但出版贸易逆差增大的反常局面，反映了中国出版业出口版权量得到提升，但中国出版物在国际化过程中并未获取相应的市场份额，出版内容国际市场认可度和国际市场需求未实现同比例增长。在出版业国际化过程中，出版内容选取、内容国际翻译、分销渠道运营等各环节行为都会对中国出版业的国际认可度和竞争力产生影响，从而致使贸易逆差不断增大。

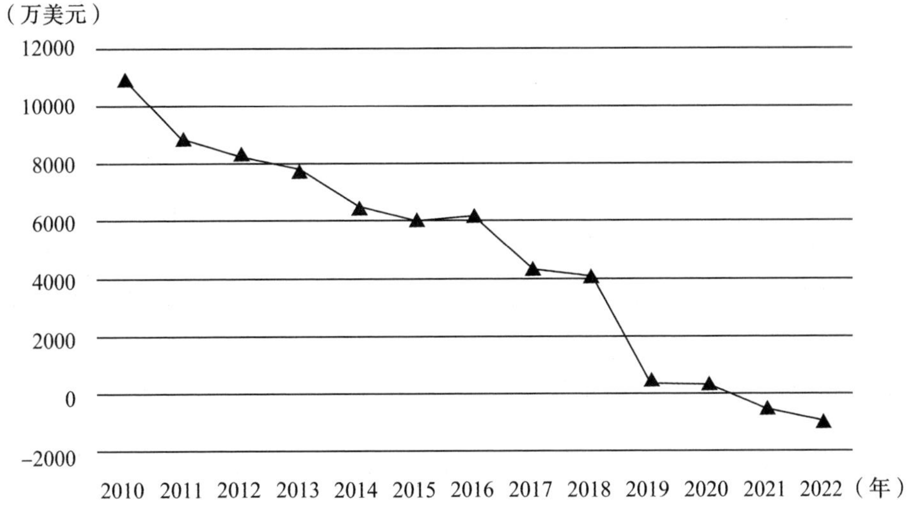

图1.3　2010—2022年中国出版业版权贸易逆差

其三，中国出版业国际化合作项目呈现快速增长，中国出版业在项目沿线国家中的国际知名度不断提升。“一带一路”倡议作为全球治理的新模式得到越来越广泛的响应，为世界经济多元化区域合作提供了新的发展契机。截至2023年8月，我国已与152个国家、32个国际组织签署了200多份共建“一带一路”合作文件，覆盖我国83％的建交国。

经过“一带一路”出版合作初期的不断摸索后，主题合作出版、内容生产、平台本土化等方面都逐步探索出了既符合我国国情又贴合海外出版发行规律的国际化出版合作模式。疫情之下，多个书展因疫情延期举办，出版国际交流尚未恢复，这对中国出版国际化产生了重要影响，但“一带一路”立足国际议题、国际外交和技术更迭等为版权合作深度发展寻找到了新突破点。

在经济全球化深入发展的关键时期，对外出版成为推动文化交流和传播的重要手段。一方面，借助对外出版，发展出版对外贸易，向国际社会传递中国声音，展示中国形象，增进各国人民之间的了解和友谊；另一方面，对外出版还可以为沿线国家的文化产业发展提供有力支持，推动文化产业成为经济增长的新动力，通过打造利益共同体、命运共同体和责任共同体，推动各国在政治上增进互信、实现经济上的深度融合以及文化上的交流互鉴。这不仅为出版机构提供了更多的发展机遇，有助于推动我国的文化事业和经济贸易迈向新的高度，而且为其提供了更加广阔的发展空间，提供了一种更易被国际社会所接受的文化交流方式，使中华文化能够更好地走向世界舞台，与各国文化相互交融、共同进步。

三、社会背景

社会因素作为影响中国对外出版体系建设的关键因素之一，在当下全球化趋势中，显得尤为突出。随着全球化浪潮的涌动，国际文化交流与融合已经成为当今世界的主旋律。在这一背景下，各国文化间的相互碰撞与交融变得日益频繁，这为中华文化的传播提供了前所未有的广阔国际舞台。我国作为拥有悠久历史和灿烂文化的国家，有责任也有能力将中华文化的精髓展示给世界。加强我国对外出版体系建设，是顺应全球化趋势，推动中华文化走向世界，增进国际社会对我国认知和了解的重要内容。

为了加强国际交流与合作，国家通过资金支持、项目倾斜、专业队伍建设等方式予以支持，通过编译出版党和国家领导人著作、政府白皮书等重要文献，以及推广中国文学作品、学术经典和文化典籍等方式，向世界展示新中国的形象和发展成就。我国出版界以积极的态度参与国际交流与合作，通过参加国际书展、举办图书交流活动等方式，与世界各国建立了广泛的联系，为中外文化交流与合作奠定了坚实的基础。

在文化全球化趋势下，各国间的经济文化交流日益密切，这为中国文化的对外传播提供了广阔的空间。国际经济环境的变化不仅为中国对外出版体系建设提供了新的契机，更加速了其走向国际舞台的步伐。《环球时报》研究院发布的2023年全球民意调查结果显示，多数国家受访者对中国的发展方式、道路表示认可。除此之外，在“一带一路”倡议下，中国加强了与许多国家的经济合作和文化交流，许多国家的民众进一步提高了对中国的关注度。中国积极参与和举办重大国际活动，如奥运会、世博会等，这些活动不仅展示了中国的实力和魅力，而且吸引了全球的关注。在这些活动中，中国的文化、科技、经济等方面的成就都得到了充分展示。我国作为世界第二大经济体，其政治、经济、文化等领域的快速发展，国际地位的提升和综合国力的增强，吸引了越来越多的国际关注，国际社会对中国文化的兴趣也在持续增长。在这种背景下，中国对外出版体系的建设显得尤为重要。中国对外出版体系建设应抓住这一契机，积极拓展国际市场，加强与国际出版机构的合作和交流，推动中华文化的国际传播和交流。同时，国际文化交流的日益频繁也对我国对外出版体系的建设提出了更高要求。随着国际合作与交流的不断深化，文化领域的互动也变得愈发重要。我们还应深入挖掘中国文化的内涵和价值，打造具有中国特色、时代特征、世界影响的出版精品，将我国的文化成果、价值观念以及发展理念传播到世界各地，为提升国家文化软实力和国际影响力做出积极贡献。

在技术全球化趋势下，信息技术的迅猛发展为我国对外出版体系的建设提供了有力支撑。近年来，随着数字技术的发展，国际传播生态发生了深刻变革，移动互联网日益成为一国文化对外传播的关键平台。互联网的普及和信息传播技术的创新，使得文化产品的传播速度和范围得到了极大提升。借助现代信息技术手段，加快实现文化产品数字化、网络化传播的步伐，突破地域限制，将中华文化迅速传播到全球各地。与欧美发达国家比，我国在传统主流媒体传播渠道影响力上仍较为欠缺。但得益于互联网技术与产业生态的蓬勃发展，我国在全球数字传播领域实现“弯道超车”，取得了较大的进展。譬如，随着传统出版与数字出版的融合发展，电子书、数据库等新兴出版形态的市场潜力越来越大，而在这一领域，我国已有多家有一定全球影响力的电子图书出版公司，仅北京方正阿帕比技术有限公司就为全球8000余个学校、公共图书馆等机构用户提供数字资源和数字图书馆软件相关服务。目前，大多数“一带一路”沿线国家互联网普及率都达到了60%以上，并且互联网“无线化”的趋势十分明显。出版界应充分发挥中国在人工智能、互联网等领域的技术和商业模式优势，加强数字出版、数字文化产品研发力度，构建基于互联网的立体化精品出版产品体系，推动数字出版产业生态构建。以技术赋能中国对外出版体系建设，加强数字出版“走出去”过程中产生的多源异构数据采集与分析，及时了解多元受众对中国出版产品的认知与态度，实现出版“走出去”供应、发行和用户的精准匹配及动态优化。[①]

四、文化背景

文化背景是中国对外出版体系建设的重要支撑和内在动力。中华文化博大精深、源远流长，具有独特的魅力和价值。通过对外出版体系建设，可以将中华文化的精髓和魅力展示给世界，推动中华文化走向世界舞台的中央。

首先，中华文化的独特性与多样性，无疑为中国对外出版体系的建设提供了丰富而宝贵的资源。博大精深的中华文化，其深厚的哲学思想、崇高的道德观念、璀璨的文学艺术等内容，均蕴含着深邃的内涵与独特的魅力。这些珍贵的文化资源，经过深入挖掘与精心整理，可以转化为具有中国特色、时代特征、世界水平的出版物，进而向世界展示中华文化的卓越成就与独特魅力。"十四五"以来，涌现出大批展现中华优秀传统文化与当代中国社会文化风貌的本土精品出版物，并通过多语种译介向外国读者广泛传播，如《典籍里的中国》系列出版物、《我在故宫修文物》系列图书。除此之外，近年来，传统文化复兴浪潮持续高涨，一系列国潮IP"出圈"，例如国风动漫《西游记之大圣归来》《白蛇：缘起》及《长安三万里》等，抑或是诸多自媒体人在国外社交媒体上对中国文化的创新传播，通过图片、视频、文字等多种形式展示中国文化的魅力。这些方式向海外年轻人展示了中国传统文化的魅力，还融入了现代元素，让国外年轻人更容易接受和喜爱。在这个过程中，通过对外出版物向世界传递中华文化的核心价值与理念，可以展现中华民族的精神风貌与文化自信，让更多的人了解中华文化、认识中国，从而增进国际社会对我国的认知与了解。同时，中华文化的多样性也为中国对外出版体系的建设提供了广阔空间。不同地区、不同民族都有其文化特色与独特之处，通过呈现这些多元而丰富的文化元素，促进世界对中国文化多样性更深入全面的了解，进而促进不同文化之间的交流与融合。

其次，中国政府高度重视文化传承与创新，提出了一系列文化发展战略和规划，旨在为对外出版事业提供坚实的政策基石和清晰的发展蓝图。例如，《国家"十三五"时期文化发展改革规划纲要》中明确指出，要强化文化产品和服务的国际推广，以促进中华文化更好地融入世界舞台。这一规划不仅鞭策出版界积极向外拓展，更明确了树立一批具备全球影响力的文化品牌的目标，旨在大幅度提升中华文化的国际传播效能。此外，国家版权局颁布的《版权工作"十四

---

① 胡译文.全球价值链视角下中国出版业国际化路径研究：基于四家中国出版集团的跨案例分析[D].上海：华东政法大学，2023.

五”规划》也着重强调了版权保护的重要性，要求优化版权环境，为文化创新提供有力保障。该规划的实施，为对外出版行业营造了更加公平有序的市场氛围，进一步激发了创作活力，推动了更多优秀作品的海外传播。同时，在国家文化数字化战略的引领下，加快出版业的数字化进程已成为当下的重要任务。这不仅有助于提升出版业的现代化水平，而且对于加强我国文化的国际传播，构建全方位、多层次的对外传播体系也具有深远的战略意义。

第二节　研究综述

我国对于对外出版和文化传播“走出去”提倡已久，其中，针对“对外出版体系”的相关研究最早见于王晓晖的《加强国际传播能力建设，精心构建对外话语体系》[①]一文。然而，近年相关研究主要集中在对外出版体系的话语研究等方面，研究深度及广度并没有得到延伸。新媒体时代下，我国对外出版体系的建设和创新面临全新的机遇和挑战。以下将对国内外相关研究的学术史及研究动态做简要梳理。

根据国内外现有研究基础，了解梳理现有研究脉络，在相关研究基础上了解当前出版侧重点以及现有研究不足。可以发现，目前对于对外出版的研究侧重于对外出版贸易、对外出版建设等方面。

一、对外出版的整体研究特征

自2004年中国“对外出版”的概念被提出后，我国文化“走出去”大力倡导对外出版的建设发展。我国对外出版的建设发展是我国优秀文化得到广泛传播的重要基础，也是我国大国形象建设的必要手段。基于此，近几年众多学者针对“对外出版”相关主题进行了研究，其研究侧重点有以下几个方面。

一是关注对外出版贸易的研究。对外出版的发展与我国版权贸易紧密相关，因此对外出版贸易也就成为其中的重要组成部分。对外出版贸易水平是衡量国际传播能力和文化软实力的重要指标。[②]相关的研究主要分为两个角度：

---

① 王晓晖．加强国际传播能力建设，精心构建对外话语体系[J]．马克思主义与现实，2014(4)：1-3.

② 蒋茂凝．促进对外出版贸易高质量发展的分析与思考[J]．中国出版，2019(24)：15-18.

第一是我国对外出版的发展历程研究，如从新中国对外出版贸易发展的四个阶段分析各个时期的特点，总结中国对外出版贸易70年取得的成绩。[①]冯洁分析了新中国成立初期（1949—1966年）我国对外出版贸易的制度建构。[②]第二是我国对外出版贸易发展路径的相关研究。如曹入云提出要重新定位政府、发展培养翻译人才、加强立体化渠道和平台建设等。[③]

二是关注对外出版建设的研究。对外出版建设是相关研究中的重要组成部分，按照研究方向可分为两类。第一是基于意识形态的宏观性质研究。阳继波具体分析了对外出版中的外宣本体意识、政治意识及跨文化交际意识等，为对外出版工作者提供了可参考意见。[④]朱义华和王宏在此基础上提出了"三位一体"的外宣整体意识，更加明确了我国对外出版建设的意识基础。[⑤]第二是基于建设途径的实践策略研究。比如，刘鑫以博洛尼亚书展为视角，探讨了共同体框架下新时代童书的对外出版新思路、新路径、新表达。[⑥]王文权等则聚焦于中国减贫经验对外出版的意义，从选题、用户需求等方面提出相关策略意见。[⑦]此外，徐永红从跨文化传播视域和国家语言发展战略的高度，探讨出版业如何创新对外出版理念，确保中医药图书的出版质量。[⑧]

二、对外出版体系的相关研究

对外出版经过长久以来的发展已经形成较为明晰的发展体系，同时其体系的构建和完善对于对外出版整体的发展研究也具有重要意义。因此，也有诸多

---

① 蒋茂凝，钱风强．新中国70年对外出版贸易发展历程阶段性分析[J].出版发行研究，2019(12)：13-16.

② 冯洁．新中国成立初期（1949—1966年）我国对外出版贸易的制度建构[J].出版发行研究，2019(9)：104-107.

③ 曹入云．"一带一路"战略下中国出版对外贸易研究[D].济南：济南大学，2018.

④ 阳继波．对外出版的外宣意识研究[J].科技传播，2018，10(23)：170-171.

⑤ 朱义华，王宏．对外出版中的外宣意识研究[J].出版发行研究，2018(3)：84-87.

⑥ 刘鑫．共同体框架下童书对外出版讲好中国故事的策略：以博洛尼亚书展为视角[J].今传媒，2021，29(9)：82-85.

⑦ 王文权，李泽桦，于凤静．中国减贫经验对外出版的意义及策略[J].科技与出版，2020(9)：118-124.

⑧ 徐永红．跨文化传播视阈下中医药图书对外出版策略思考[J].科技与出版，2019(9)：116-120.

学者针对此问题进行了相关研究。但是，现有的研究主题都聚焦于我国对外出版话语体系的构建，对于特定时代的社会现状及媒体发展环境未见明确限定。此外，针对其相关的创新研究存在不足。

针对我国对外出版话语体系建设路径的相关研究，卢芳珠和李艳基于我国"互联网＋"的社会现状，提出了我国对外出版话语体系建设应以学术出版话语为骨骼，以教育出版话语为经络，以大众出版话语为血肉的建设路径。①章宏和林慧冰则对"一带一路"视角下对外出版话语体系的构建路径进行了相关研究，从交际原则及交际体制两个方面进行了路径探讨。②蒲瑶和陆明强调构建面向人类命运共同体的中国文化对外出版话语体系要以学术出版、教育出版、大众出版等为着力点。③孙万军基于文化视角进行了中华文化对外出版话语体系构建探析，认为出版传播依然是最重要的对外文化传播媒介，同时也是国际话语体系形成的基础平台。④

通过文献检索及梳理发现，虽然中国对外出版体系建设是研究的热点之一，但是针对对外出版体系建设其他方面的研究较为空白。虽然也有部分研究涉及资助体系，但是一个体系的建设健全应不止这一两个方面，针对其进行的深入研究较少。此外，现阶段我国新媒体、融媒体发展迅速，在一定程度上影响着我国对外传播体系的建设，相关研究也应该基于相应的时代特征有所创新，然而现阶段已有的研究在这两方面都较为欠缺。中国对外出版体系的建设和创新对于我国出版事业的发展及中国文化"走出去"具有重要意义。因此，在新媒体媒介深度融合的时代背景下探究并建立起我国对外出版的创新体系具有重要意义。

三、现有研究的拓展空间

现阶段对于对外出版体系建设和创新的相关研究较少，对于体系建设的要素研究不够全面，保护体系及机制不完善。对于其体系建立要素和创新前景，

① 卢芳珠，李彪.增强文化自信　主动构建话语权：对外传播中的出版话语体系构建路径研究[J].出版广角，2020(17)：20-23.

② 章宏，林慧冰."一带一路"视角下对外出版话语体系的构建路径[J].出版广角，2020(10)：24-27.

③ 蒲瑶，陆明.构建面向人类命运共同体的中国文化对外出版话语体系[J].中国出版，2019(5)：61-63.

④ 孙万军.中华文化对外出版话语体系构建探析[J].中国出版，2016(17)：15-18.

可参考部分学者类似的研究成果并结合新媒体时代的特殊性进行研究。缪立平基于“十四五”时期的总体规划方向，提出从理论体系和话语体系上提炼中国观点、阐释中国理论、表达中国诉求。[①]李旦聚焦学术出版这一具体领域，分析上海交通大学出版社《平易近人——习近平的语言力量》等三种学术图书“走出去”的实际案例，提出了如何加强学术出版“走出去”相关建议。[②]结合相关研究及分析，现有研究的拓展可从以下方面入手。

其一，新媒体及媒介融合的时代背景下深化对中国对外出版体系建设的研究。虽然现阶段对于我国对外出版体系的研究已经得到重视，并且有相关成果产出，但是根据当下的时代背景如新媒体的环境因素等进行的相关研究则存在不足。我国对外出版体系的建设与国家的整体社会环境及文化传播力度有密切关联，新的时代环境对我国对外出版体系如何建设、如何完善提出了全新的要求。因此，结合当下的时代特征和环境背景深化对我国对外出版体系建设的相关研究具有重要意义。

其二，重视中国对外出版体系的创新研究，并结合其独特性建立完善相关机制。鉴于我国对外出版体系建设的创新研究还存在较大的发展空间，对外出版的建立建设机制还有待完善，需要在结合有关版权贸易体系、特殊出版类型保护体系等相关研究的基础上，确立我国对外出版体系建立所需要的要素特征。此外，我国对外出版自身也具有较为明显的独特性和时代特征，对于其体系的建设和创新也需要考虑其特殊性。

第三节　研究内容、思路与方法

一、研究内容

研究内容包括研究对象、研究框架、研究重难点以及研究目标。在厘清相关研究内容的基础上形成对本书的基本定位和研究逻辑。

1.研究对象

本书的研究对象是中国对外出版体系。中国对外出版体系是构建中国特

① 缪立平．出版走出去与对外话语体系建设[J]．出版参考，2021(6)：4.

② 李旦．学术出版“走出去”与对外话语体系建设[J]．出版广角，2017(18)：38-40.

色社会主义国际话语体系、讲好中国故事的重要内容。在产业融合和媒介融合背景下，中国对外出版体系的建设和创新值得研究。

依据相关研究资料，本书基于出版体系的主要内容(学术出版、教育出版和大众出版)、出版体系建设和创新的主要参与者(政府部门、出版机构和社会公众)和出版产业链[生产(编辑)—复制(印刷)—传播(发行)]等理论基础，以内容、参与者和环节的互构为理论逻辑，形成新媒体时代中国对外出版体系建设和创新的理论及实践关键要素。

2.研究框架

本书研究框架由理论逻辑、建设方案及创新路径三部分组成，按照“内容—主体—环节”的逻辑要素顺序展开研究(见图1.4)。

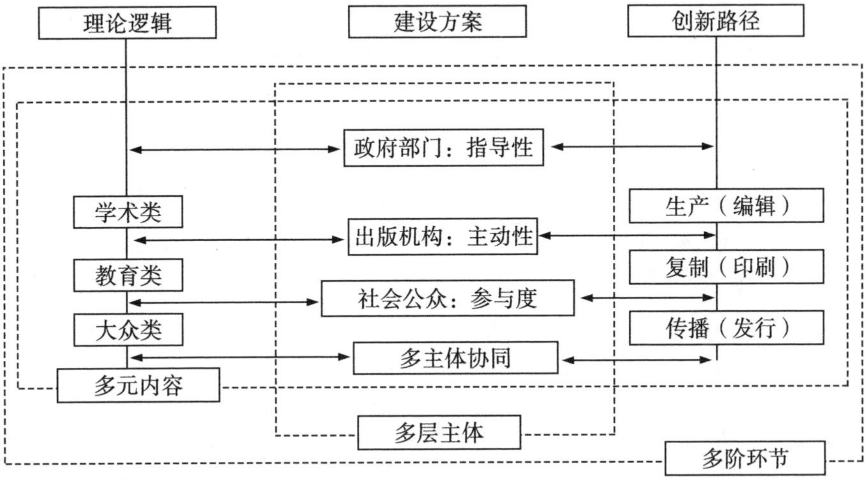

图1.4 研究框架

首先，从中国对外出版体系内容出发，分析学术类、教育类和大众类出版体系的概念，研究中国对外出版整个生态系统的理论逻辑。

其次，依据出版体系的学术出版、教育出版、大众出版三大内容划分层次进行深度的、特殊的对外出版体系模式分析，既有一般性案例特征分析，也有普遍性适用实践。

最后，立足新媒体时代背景，基于“政府—机构—公众”的多主体协同关系，探索中国对外出版体系的建设方案。在上述理论逻辑和建设模式分析的基础上，结合国家文化强国、“双循环”新格局和产业需求，提出一套涵盖全产业链的

“多元多层多阶”中国对外出版体系创新路径。

3.研究重难点

其一，研究重点在于研究的全面性和系统性。新媒体时代中国对外出版体系的建设，关乎中国对外出版活动在开展过程中各细分领域、各参与者和产业链各环节。对外出版活动中，学术类、教育类和大众类出版体系的政府部门、出版机构和社会公众等参与者的博弈关系，产业链各环节在人才、资金、技术和渠道等方面所需资源均不同，最终体系建设方案也不一样。因此，本书必须以精细化和碎片化的方式，深入剖析这些细分领域、参与者以及产业链环节，以确保提出的对策能够精准地解决问题。这种全面的、系统的研究视角，正是本书的核心重点，也是我们进一步推动中国对外出版体系创新的逻辑基础。

其二，研究难点在于研究的创新性。新媒体时代，出版业面临传统业态与新兴业态的融合发展问题。在此背景下，中国对外出版体系不仅要关注建设方案，更要关注进一步的创新路径。该路径需要坚持出版业社会效益和经济效益的“双效”属性，涵盖多元细分领域(学术类、教育类和大众类)、多层参与主体(宏观政府视角、中观行业视角和微观公众视角)和多阶产业链条[生产(编辑)—复制(印刷)—传播(发行)]，涉及体系模型构建、方法设计和实践测评等，是一项综合性强且具备较高难度的研究任务。本书在深入研究的过程中，将积极采用跨学科的理论与方法，紧密围绕国家战略和产业发展的实际需求，力求找到解决这一复杂问题的有效途径，为推动中国对外出版体系的创新与发展贡献智慧和力量。

4.研究目标

第一，提供新媒体时代中国对外出版体系建设和创新的理论支撑。新媒体时代，传统出版物从以图文为主的单维形式向以视听为主的立体形式转型。转型新常态背景下，新媒体时代的中国对外出版体系建设和创新普适性路径欠缺。本书通过跨学科视角、系统研究该主题相关的理论，为中国对外出版体系建设和创新实践提供理论支撑。

第二，提出新媒体时代中国对外出版体系的“三类型—三主体—三模式”建设方案。在理论研究的基础上，本书针对学术类、教育类和大众类三个细分领域的对外出版体系特征，深入探究政府部门、出版机构、社会公众三类对外出版体系参与者的协同关系，提出引导性、规范性和治理性的建设模式，总结新媒体时代中国对外出版体系的“三类型—三主体—三模式”建设方案。

第三,提出新媒体时代中国对外出版体系的“多元多层多阶”创新路径。根据以上三类对外出版体系内容、参与者和模式,结合国内外建设经验,探索新媒体时代具有中国特色、涵盖全产业链的“多元多层多阶”对外出版体系创新路径。

二、研究思路与方法

研究的思路和方法是确定研究基本逻辑的重要方式,也是完成研究目标和研究结论的重要手段。

1.研究思路

本书以新媒体时代中国对外出版体系为研究对象,探索不同内容、不同参与者和不同产业链影响下的体系建设和创新研究。具体内容为“三类型—三主体—三模式”建设方案和“多元多层多阶”创新路径。

本书主要回答以下问题:一是如何建设新媒体时代的中国对外出版体系?其主要涉及哪些细分领域?参与者有哪些?参与者之间的博弈关系如何?各细分领域的体系建设模型如何?二是如何创新新媒体时代的中国对外出版体系?如何协调各细分领域、各参与者和产业链各环节之间的互构关系?创新路径如何进行实践测评?

2.研究方法

一是实地调研法。实地调研我国出版传媒领域的从业人员、研究专家和政府相关人员,获取该主题研究的一手资料。

二是案例分析法。选取国内外在对外出版体系建设和创新方面的典型案例,分析其成功和失败经验,为探索普适性的建设方案和创新路径奠定基础。

三是对比分析法。对专业类、教育类和大众类细分领域之间的对外出版体系内容、主体关系等进行比较,对不同参与者之间进行比较,如政府、机构和公众等。

第四节 核心概念

本书的核心概念分为对外出版体系建设和对外出版内容。对外出版体系建设在于区分与联系对外出版、对外出版体系二者的概念。除此之外，我国对外出版体系建设的研究主体主要分为三个板块（学术类、教育类、大众类），因而在对外出版内容部分需要着重强调三者概念间的具体范畴及其联系，以此为基础形成更加清晰的对外出版体系建设方案。

一、对外出版体系建设

中国对外出版事业根植于长久的发展演变中，以下基于几个关键时期对我国对外出版事业进行梳理。

自新中国成立以来，我国对外出版事业便进入了发展初期阶段。在这一时期，我国的出版业迎来了一个全新的发展环境和前所未有的机遇。对内，出版事业蓄势待发，各类出版物如雨后春笋般崭露头角；对外，出版事业则犹如星星之火，虽起初微弱，却逐渐汇聚成燎原之势。基于国内外形势的深刻变化，我国在新中国成立伊始便着力于开展和布局对外出版工作，目的是向世界展现新中国的全新面貌和独特风采。从新中国成立到改革开放，中国出版业“走出去”的首要目标始终聚焦对外宣传，致力于向世界传递新中国的声音，展现新中国的成就。因此，在这一时期的对外出版活动中，多以非营利、非贸易的形式进行，旨在通过文化交流与沟通，增进国际社会对新中国的了解与认同。所出版的图书往往承载着浓厚的宣传色彩，旨在向世界传递新中国的政治理念、价值观念和文化精髓。虽然这一时期我国出版“走出去”的渠道和形式相对单一，但意义重大，为我国出版业的国际化发展奠定了坚实基础。

在出版“走出去”发展初期，中国出版业迈步平稳坚实，陆续建立了国际书店[现在已发展成为中国图书进出口（集团）有限公司]、外文出版社以及中国外文出版发行事业局（简称“中国外文局”）等重要机构。这些机构不仅是中国图书出海的重要窗口，更是连接中国与世界的桥梁，向世界传递着中国文化的独特魅力。同时，政府也高度重视出版业的国际化发展，颁布了一系列政策文件，如《国外印刷品进口暂行办法》等，为早期出版的国际交流提供了有力的政策支持。这些政策的出台，为出版业在国际市场上的发展提供了坚实的保障，也极大地激发了出版业的创新活力。此外，积极借助国际书展这一平台，充分展现中国图书的独特魅力，向世界传递深厚的文化底蕴与智慧精髓。通过参与大型国际书展，我国出版业实现了广泛的对外交流，与各国出版同仁建立了深厚的友谊和合作关系，这些交流活动极大促进了中国图书在国际市场上的传播。尽管这一时期我国出版“走出去”的内容和渠道都较为单一，范围也局限在小部分国有企业和资源中，但在当时的历史背景下，仍然满足了国家的部分发展需求。作为我国出版“走出去”的初步探索阶段，这一时期为后续对外出版的纵深发展奠定了坚实的基础，并积累了宝贵的经验。

改革开放以后，可谓我国对外出版事业蓬勃发展的黄金时期。在这一历史性的变革机遇下，我国出版业“走出去”也获得了宝贵的发展窗口期。我国出版业紧跟改革开放的步伐深入推进，出版“走出去”的进程大大加速。与改革开放前单一性强、官方色彩浓重的出版方式形成鲜明对比，改革开放后我国对外出版呈现出多元化、全面化、立体化的发展趋势。在这一至关重要的阶段，我国积极致力于出版事业的国际化发展，相继创办了一批国有出版单位，这些单位承载着传播中华文化、展现新时代中国形象的重要使命。同时，为了更加精准、高效地推进对外出版工作，我国还组建成立了中国外文局，该机构专门负责对外出版事务，通过精心策划和出版一系列高质量的图书，向世界传递中华文化精粹，展现新时代中国面貌。除中国外文局之外，各种类型的图书进出口公司也纷纷涌现，这些公司不仅为我国的对外出版贸易注入了新的活力，也极大地促进了其繁荣发展。它们通过与国际出版机构紧密合作，不断拓展对外出版渠道，推动中华文化走出国门、走向世界。这一系列的举措标志着我国对外出版发行体系的基本建立，为中华文化走向世界奠定了坚实基础。这些国有出版单位、中国外文局以及各类图书进出口公司共同构成了我国对外出版事业的中坚力量。在政策法律层面，新中国成立以来，第一次通过了《中华人民共和国著作权法》，著作权法是现代出版业的法律基础，保障了出版业“走出去”的合法、有序。1992年，我国更是积极融入国际版权保护体系，签署了《保护文学和艺术作品伯尔尼公约》和《世界版权公约》，标志着中国出版业开始正式与国际接轨，融入世界文化舞台。21世纪初，中国正式加入世界贸易组织，国际贸易有了发展新起点，我国出版业“走出去”的步伐也更加坚定，国际化水平不断提升。

“一带一路”建设时期是我国对外出版的成熟阶段。随着“一带一路”倡议的深入推进，我国的“丝路书香工程”也得到了有效实施。得益于优越的发展环境和政策的扶持，我国出版“走出去”战略的布局逐步得到优化。对外出版的领域和涉及的贸易伙伴国家数量达到了前所未有的水平，与全球超过190个国家建立了出版贸易关系。同时，在国有出版社作为“走出去”的主力军的同时，民营出版机构也开始逐渐展现其市场活力，积极布局并参与“走出去”的出版活动中，促进了出版业多元化发展格局的形成。近年来，随着全球化步伐的加快，我国出版“走出去”的步伐也同步提速，中国国际传播能力建设提上日程，中国故事和中国声音走向世界，为我国增强在国际舞台上的话语权提供了坚实的支持。

1.对外出版

对外出版事业最初由中国出版“走出去”发展而来。中国出版“走出去”的对象包括本国的出版物，出版活动中的服务、资本、管理、技术等要素，以及出版企业本身。具体表现为，中国出版物走向国际市场，出版社到海外去投资融资、创建分社和建立发行网点，国内出版业在文化与产业两个维度上深入参与国际市场，开展竞争与合作。

就其意义来说，在新时代的浪潮下，中国出版业的“走出去”战略，不仅承载着中国共产党和中国政府对行业发展的全新期许与部署，更是中国文化对外传播的宏伟蓝图中不可或缺的一部分。这一战略旨在推动中华文化产品和服务更广泛、深入地融入国际舞台，同时激励中国出版业加快现代化和国际化步伐。这一进程不仅源自出版业自身寻求长远发展的内生动力，更是国家层面增强文化软实力、提升国际影响力的关键举措。通过中华文化“走出去”战略，中国在国际文化交流和竞争中将更加坚定地展现和弘扬民族精神，进而增强国家应对外来思想渗透和文化霸权的能力。

2.对外出版体系

在对外出版的持续演进中，其形态日趋多样化，形成了多种类别的发展态势。得益于政策的有力引领，如今的对外出版已经踏上了多元化的广阔道路。为了确保这一进程规范且顺应时代需求，对外出版需要构建一个模范化、规模化的对外出版体系，以此推动对外出版行业的持续健康发展。“体系”一词，从其字面意义来理解，指一套有机整合的体制系统。它能够将原本纷繁杂乱的事物，根据其内在的发展规律和逻辑，经过精细的整理与排序，形成一套完整且细致的发展框架。对于对外出版体系的建设而言，其核心在于立足对外出版的现有发展逻辑和内在规律，同时紧密结合时代变迁与发展脉搏，构建出一套能够指引对外出版行业持续、健康发展的完整体系。这一体系旨在确保对外出版业在适应时代需求的同时，保持其规范化、有序化的发展态势。

在新媒体时代的大潮中，我国对外出版迎来了前所未有的新机遇和内生动力。为了紧跟时代步伐，展现对外出版的新风貌，推动对外出版体系的建设与创新显得尤为重要。在构建对外出版体系的过程中，首要任务是明确出版内容，区分出版主体，确保体系的精准与高效。本书将深入剖析对外出版的主要内容和核心主体，探讨体系建设和创新的具体策略，以为我国的对外出版发展提供具有前瞻性和实践性的建议，助力其在新媒体时代实现跨越式发展。

二、对外出版内容

基于内容，出版分为大众出版、教育出版、学术出版三类；基于主营业务，出版可分为两类出版单位，一类是以从事图书、期刊、报纸等纸质产品编辑、印刷、发行工作为主的传统出版单位，一类是以从事数字产品编辑、分销工作为主的数字出版单位。[①]学界对于出版的内容划分有多种标准，其中通过出版内容类目进行分类，学术出版、教育出版、大众出版类别是较为普遍的一种分类方式。因此，本书也按照此分类方法进行探讨。

1.学术出版

广义的学术出版指记载与传播学问的出版行为，是传播先进文化、引领科学思想的重要方式。[②]具体形式包括出版著作、论文等学术内容，以及与学术类出版物相关的系列出版活动。学术出版作为学术传播的核心渠道，其流程从学者起始，经过出版者的精心策划与编辑，最终抵达读者手中。从客体层面看，这一过程实现了学术研究成果向学术出版物的转化。在此过程中，编辑发挥着举足轻重的作用，他们不仅是学者与读者之间的沟通桥梁，更是学术出版物得以流通的关键。作为出版社塑造品牌的重要抓手，学术出版的专业性、严肃性和科学性决定了学术出版受众面窄、成本高的现实[③]，这也成了需要编者和出版者共同解决的问题。对于学术出版而言，原创性和创新性至关重要。此外，学术出版也应注重学术知识的普及性和大众化，如此才能让学术成果惠及更广泛的社会群体。

出版的本质在于作品的公开与广泛传播。学术出版作为人类学术研究成

① 时方圆.传统大众出版发展知识型MCN的理论模型与现实路径研究[D].上海：华东师范大学，2021.

② 孙婷，王健.数字时代学术出版融合发展的初步探索[J].出版广角，2020(18)：16-18.

③ 谢炜.新时代学术出版高质量发展探索：以社会科学文献出版社为例[J].出版广角，2020(18)：6-9.

果的记录，其传播与分享具有深远的社会意义。不同时代的学术出版记录了人类悠久绵长的社会历史，同时又表现出深深的时代烙印。在古代，受限于技术条件，人类对于知识的传播主要采取口口相传的方式，或以结绳、刻木记事的形式将经验与故事传递给后代，且由于社会制度的弊病，古代社会的学术研究往往被社会上层所垄断，学术知识一般只在特定的阶层流通。加之宗教势力将科学视为异端，理性尚未占据上风，因此，并非所有学术研究成果都可以面世。随着造纸术和活字印刷术的发明，纸质图书的编写和出版使得学术知识的延续更具可能性。新时代数字技术的迅猛发展使学术出版的生命力更为长远，技术背景下融合出版的实践也使学术出版在出版渠道、成果共享和数据利用上都获得了广阔的发展空间。

作为展示和传播学术成果的重要途径，学术出版不仅推动出版事业的进步，更是对促进学术领域的繁荣起着重要作用。何种学术成果能够被出版，体现着学界的研究趋势和进程。学术出版是对学界的启示和激发，有时还能带给学者新的科研灵感。此外，学术出版在某些层面能够代表国家形象。在文化领域，它是文化软实力的体现，能够将国家各个领域各个学科最前沿的研究成果展现给世界，其措辞是否严谨等方方面面的细节也体现着一个国家的学风。

当前，我国已出台一系列旨在促进学术出版发展的政策措施，通过推动学术出版的国际化，增强中国的国际话语影响力，使我国的学术声音在全球范围内得以传播与认可。

2.教育出版

教育出版指与学习、教育及培训有关的出版活动。[①]我国对外的教育出版主要以汉语教材、教辅为组成部分，根据使用者语言、内容难度、教学形式等教材还可被分为通用类和专用类教材。汉语教材目前已经涵盖英语、日语、韩语、泰语等多种语言，供零基础、初学者、基础较好的学习者等各阶段学习群体使用，既有传统教学形式，也有利用音乐、诗词、情景剧等内容载体进行教学的教材。

自“十三五”规划实施以来，得益于国家政策的积极扶持与引导，我国教育出版业在“走出去”的征程上取得了显著进展，展现出稳健而持续的发展态势。

我国教育出版机构积极与海外出版单位展开合作，探索版权贸易、版权输出新路径。在2023年6月举办的第29届北京国际图书博览会中，参展国家和

① 刘灿姣.我国教育出版发展现状与趋势[J].出版与印刷，2007(1)：7-9.

地区达56个,有近千家海外展商参与其中,与我国出版机构积极开展包括版权贸易在内的交流合作活动。我国文学类等图书持续加速版权输出,长篇小说《花腔》将推出意大利文版,《年度散文50篇(2022)》将出版阿尔巴尼亚语版等。此外,我国出版机构纷纷与海外出版单位共建合作出版项目,如2021年安徽人民出版社与尼泊尔天利文化出版有限公司、伊朗莫瑞甘出版社等合作推进的"向世界讲述百年大党建党故事——'觉醒年代出版工程'",重点项目包括长篇历史小说《觉醒年代》、学习读物《细说觉醒年代》和《觉醒年代(图文版)》三部作品。

在全球范围内,"汉语热"的兴起为我国教育出版业"走出去"提供了巨大的市场空间。截至2021年底,已有180多个国家和地区开展中文教育,76个国家将中文纳入国民教育体系,海外正在学习中文的人数超过2500万,累计学习和使用中文人数近2亿。[①]例如,2023年新华文轩旗下四川教育出版社有6个品种的图书被海外图书馆永久收藏,在"2023年中国出版机构海外馆藏影响力100强"中排名第94。新华文轩教育服务事业部和四川教育出版社面向匈牙利、缅甸等地中小学供应教材教辅,取得了社会效益和经济效益丰收。大量的海外汉语学习者为我国教育出版"走出去"提供了巨大的市场潜力。这为北京语言大学出版社、人民教育出版社等国内优秀出版社提供了广阔的国际舞台,成为推动中国文化"走出去"和"走进去"的重要力量。[②]这些出版社在国际汉语教材出版领域取得了显著成就,为我国教育出版业的国际化发展注入了强大动力。

3.大众出版

大众出版是现代出版业的重要组成部分,与大众的日常生活关系密切。最受业界认同的对"大众出版"的理解是:大众出版是对大众关注的某种主题的专业化创作及与这种主题相关的内容整合。[③]大众出版的主要载体是图书,辅之以光盘、录音带等视听材料。它主要包括小说、非小说的各类大众出版作品,譬如大众理论出版物、财经出版物、大众生活健康出版物、大众心理出版物、非教材教辅类大众文教出版物、大众艺术出版物、大众科普读物以及少儿出版、居家

① 李依环.教育部:76个国家将中文纳入国民教育体系[EB/OL].(2022-06-28)[2024-09-23]. http://www.moe.gov.cn/fbh/live/2022/54618/mtbd/202206/t20220629_641889.html? ivk_sa=1023197a.

② 曹明香,项国雄."十三五"以来我国出版业"走出去"现状与品牌优化策略[J].出版广角,2021(1):28-31.

③ 刘丹丹.出版融合视角下我国大众出版的知识服务研究[D].郑州:郑州大学,2019.

生活实用手册等。[①]

不同于学术出版和教育出版，大众出版没有明显的针对性，适合普通大众阅读和理解。根据生活中不同方面的需求和阅读者的爱好，大众出版物较为丰富，包括文学类作品，社科类作品，少儿读物，旅游类、饮食类、经济金融类作品等，还可细分为小说、传记、散文、诗歌等，涵盖面非常广阔。大众出版物因其内容紧密贴合公众的日常生活、休闲阅读和文化体验，展现出了极其复杂且多样化的特性。正因如此，大众图书常被亲切地称为“一般图书”或“消费类图书”，它们以其广泛的受众群体和多样化的内容，成为出版界中不可或缺的一部分。[②]

我国积极推进大众出版物“走出去”，并与“一带一路”沿线国家展开出版交流友好合作。“十三五”以来，我国对外大众出版在规模、质量层面都有明显提升。从数量上看，2023年中国新闻出版研究院发布的《“一带一路”国际出版合作发展报告》(第四卷)显示，2016—2021年，我国与“一带一路”沿线国家签订的版权贸易协议增幅167%，版权输出到80多个国家和地区。[③]受其影响，网络文学在海外颇受欢迎，在东南亚地区影响力最大。《2020网络文学出海发展白皮书》显示，截至2019年底，我国向海外出版网络文学作品1万余部，覆盖40多个“一带一路”沿线国家和地区。例如，起点国际自2018年4月开放海外创作平台以来，吸引了超10万名海外创作者加入，创作作品数量超16万部；阅文集团已向日韩地区、东南亚、欧美地区的数十个国家授权了700余部网络文学作品供其出版。[④]网络文学在海外的繁荣发展进一步激发了我国网文作者的创作活力。自2023年以来中国网络文学行业海外市场营收规模达43.50亿元，同比增长7.06%。[⑤]随着“中国书架”项目正式在古巴、泰国、德国、英国等20多个国家落地，多种大众类优质图书带着我国优秀传统文化走向世界。

总的来说，大众出版具有内容多元丰富、贴近公众生活等特点和优势，是我国对外出版体系建设的重要部分，也是我国出版“走出去”的排头兵。

---

① 王杏.我国大众图书出版数字化转型策略研究[D].郑州:郑州大学,2017.

② 刘丹丹.出版融合视角下我国大众出版的知识服务研究[D].郑州:郑州大学,2019.

③ 史竞男.报告显示:“一带一路”国际出版合作取得新成果[EB/OL].(2023-04-07)[2024-09-21].http://www.news.cn/book/20230407/33dc5bb0f0394920abcfa8bd9bc5b66d/c.html.

④ 曹明香,项国雄.“十三五”以来我国出版业“走出去”现状与品牌优化策略[J].出版广角,2021(1):28-31.

⑤ 中国音像与数字出版协会.中国网络文学出海发展报告(2023年)[R].北京:中国音像与数字出版协会,2024.

第二章 学术类对外出版体系建设模式

自然科学、社会科学的研究程度，是国家软实力的重要表现。[①]因此，学术出版作为展示和传播学术研究成果的重要窗口，对于提升国家软实力具有关键作用。中国学术出版"走出去"，能够发出学术出版在国外主流学术渠道的引导性声音，发挥我国学术话语的力量，向世界展现真实、立体、全面的中国，以推动中外学术交流，增强我国学术的国际影响力。

第一节 学术类对外出版体系内容

随着全球化的深入发展，文化交流与学术传播已成为国家软实力的重要组成部分。新时代的学术对外出版，既要追求知识与真理、传递主流思想、提供智力支撑，承担向世界传递中国文化精髓与学术创新内容的重任，也要服务社会大众，传递文化自信，为实现中华民族伟大复兴蓄力。[②]中国学术对外出版涵盖广泛的领域和主题，从横向来看包含从哲学、文学、历史到社会、经济、科学技术等多个方面，从纵向来看囊括由传统知识到现代发展的完整历程，为全面介绍中国提供了丰富的内容和多角度的视野，有助于国际读者全面系统地认识中国。[③]目前中国学术类对外出版体系内容集中于以下几大方面。

① 焦贵萍.浅谈我国学术出版的现状及发展对策[J].中国编辑，2012(6)：52-55.

② 赵剑英.新时代中国学术出版的职责使命与发展趋势[J].中国出版，2022(11)：9-11.

③ 谢娜.用学术话语讲好中国故事：北京大学出版社在"一带一路"出版合作中的实践与思考[J].出版广角，2023(24)：15-20.

一、中国传统文化与哲学

中国传统文化与哲学的内容占据了中国学术类对外出版体系的重要位置。出版物涵盖了从先秦诸子、四书五经到宋明理学、清代考据学等各个时期的经典文献和研究成果。通过对传统文化的深入挖掘和阐释,这些出版物向世界展示了中国文化的博大精深和独特魅力。同时,出版物也有大量关于中国传统哲学的研究著作,如道家、儒家、佛家等思想流派的研究,以及这些哲学思想在现代社会的应用和影响。

作为古今出版活动丰硕成果的体现,浩如烟海的文献典籍汇聚先人的智慧与心血,承载着中华民族深厚的历史记忆与璀璨的思想智慧。它们不仅是传承中华文明的重要载体,更是我们探寻民族根源、理解文化脉络的宝贵财富。冯友兰先生编写的《中国哲学史》深入探讨了中国哲学的发展历史,于2011年由中华书局在国内出版,随后,2014年牛津大学出版社将其翻译成英文,并在全球范围内发行,受到了海外读者的广泛关注。这部著作昭示着中国哲学的思想精华,对于国际读者了解中国哲学思想具有重要意义。除此之外,中国社会科学出版社与剑桥大学出版社等国际知名学术出版社合作出版了《宋辽西夏金社会生活史》《中国近代社会生活史》《孔子与20世纪中国》等学术精品,涵盖了历史、哲学、人文思想、传统文化等诸多领域,因其具有传统与现代相兼容、学术与市场价值兼备等特点,都进入了海外主流的图书市场,受到了海外读者的追捧,产生了广泛影响力和认可度,展现了中国学术的深度与魅力。此外,葛兆光的《中国思想史》(三卷本)是复旦大学出版社于2001—2007年陆续出版的学术巨著。这部作品全面系统地研究了中国思想史的发展历程,展现了中国思想的博大精深。普林斯顿大学出版社于2013年将这部作品全集翻译成英文,这部著作的出版,不仅为中国思想史的研究提供了宝贵的参考资料,也为国际学术界了解和研究中国思想史提供了重要窗口。

作为中国持续发展的具象化证明,在现代,不断涌现的对外出版作品正在向世界展示中国智慧,彰显大国发展。“丝路百城传丛书”的诞生与近年来我国大力提倡“一带一路”倡议密切相关。[①]两千多年前,张骞出使西域开辟了古丝绸之路。两千多年后的2013年秋,习近平主席在访问哈萨克斯坦、印度尼西亚

---

① 章红雨,蒲添.我们以主题出版把中华文化传遍世界[N].中国新闻出版广电报,2024-03-28(001).

期间,先后提出共建“丝绸之路经济带”和“21世纪海上丝绸之路”重大倡议。目前,“丝路百城传丛书”已出版多语种作品60余部(含中外文版),辐射亚洲、欧洲、美洲20余个国家。城市是融汇物质文明和精神文明传承发展的有机体,而“丝路百城传丛书”是以城市传记为载体的“一带一路”主题出版物,由中外学者共同讲好中国式现代化故事,是出版领域的又一亮点。类似图书的对外推广已取得良好反响,如《中国震撼:一个“文明型国家”的崛起》一书被美国华盛顿大学列为参考教材。①

此外,随着学术对外出版步伐的不断迈进,除了英语作为主要的学术对外出版语言,中国也为全球提供了更多语种的传统文化学术译著。例如,《中国艺术哲学》俄文版和英文版、《春秋公羊学史》韩文版、《解读敦煌·中世纪服饰》日文版、《基础教育发展的中国之路》越南文版,不断向世界传播中国学术声音,推动中国哲学与人文社会科学走向世界。②通过学术类出版物“走出去”,中国传统文化和哲学思想有机会在世界舞台上展现其深厚的学术底蕴和广泛的影响力。

二、中国历史与考古

中国历史悠久,文化底蕴深厚。因此,关于中国历史和考古的出版物也是对外出版体系的重要组成部分。这些出版物包括了中国各个历史时期的历史事件、人物传记、制度变迁等方面的研究,以及考古发现的新材料和新观点。这些出版物不仅有助于世界了解中国历史的发展脉络和文化传承,还为中国历史研究提供了重要的参考和借鉴。

例如,张光直教授的《中国考古学通论》一书,由北京大学出版社于2009年出版,系统地介绍了中国考古学的历史、理论和方法。随后,剑桥大学出版社于2011年将其翻译成英文并在全球发行,为国际读者提供了深入了解中国考古学的途径。同样,由上海人民出版社出版的许倬云的《中国古代文明起源研究》,深入探讨了中国古代文明的起源和发展,而哈佛大学出版社在2018年推出的英文版则使这部作品在国际学术界产生了广泛影响。此外,王巍的《丝绸之路考古研究》也是一部重要的学术对外出版物。该书由文物出版社于2013年出

① 池步云,王怡霖.中国式现代化理念对外出版话语体系建构的逻辑理路与实践进路:基于共情传播理论视角[J].科技与出版,2023(7):32-39.

② 郝天韵.强强联合蓄力文化“出海”[N].中国新闻出版广电报,2023-08-04(007).

版，全面系统地介绍了丝绸之路沿线的考古发现和研究。两年后，牛津大学出版社将其翻译成英文并在全球发行，为国际读者提供了解丝绸之路历史和文化的宝贵资料。

整体而言，中国历史与考古学的学术对外出版工作，在推动中国学术走向国际化的道路上起到了关键作用。同时，这些学术著作通过国际出版商的努力，在全球范围内广泛传播，极大地促进了东西方文化的深度交流与相互理解。

三、中国现当代社会科学研究

随着中国社会的快速发展和变革，中国现代与当代社会科学研究也成了对外出版体系的重要内容。这些出版物涉及了政治、经济、社会、文化等多个领域，反映了中国社会的最新发展和变革。这些出版物不仅有助于世界了解中国社会的现状和未来发展趋势，也为中国学者提供了与国际学术界交流和合作的机会。

中国特色社会主义，作为中国智慧、中国经验的精髓所在，是在中国共产党领导下，经过长期的革命斗争、社会建设和改革开放实践，逐步孕育、形成并持续发展的科学社会主义理论体系。相关读物不仅详细记录了中国式现代化在概念和术语上的演变轨迹，更是中国共产党对现代化理论的深入思考、现实考量与实践创新的文字体现。缺乏对中国式现代化核心概念的构建与传播，就意味着丧失了话语主动权。政治理论类读物作为官方话语的传播平台，通常聚焦于现代化进程中的重大事件、关键节点及其背后的逻辑体系，从宏观角度深入剖析中国式现代化的独特特征、本质需求与核心原则，展现出强烈的权威性、严谨性与感染力。中国学术对外出版体系致力于将这一理论体系及其实践成果推向国际舞台，通过深入研究和广泛传播中国特色社会主义的理论基础、实践经验以及未来发展蓝图，为国际社会了解中国特色发展道路和治理模式提供宝贵资料和重要参考。这不仅有助于增进国际社会对中国的理解和认同，而且为全球治理体系的完善和人类社会的共同发展贡献了中国智慧和力量。如《道路自信：中国为什么能》一书采访了15位当代中国最有影响力的思想精英，以深入浅出的话语对“中国道路”做了前沿、有启示性的权威阐释。《走向2049年的中国》通过规律性和趋势性分析，聚焦中国现代化建设难题，畅谈中国未来发展新举措。类似兼具精湛内容和精美形式、产生持续影响力的图书正脱颖而出，逐步得到海外受众认可，销售数量与版权输出数量连创新高。[①]

中国社会科学出版社推出的“中国制度研究丛书”，堪称中国学术界与出版界的一大创举。这套丛书是目前唯一一套全面、系统地梳理与研究当代中国各项制度的著作文献。无论是在学术领域的深度挖掘，还是在现实需求上的解答阐释，都具有不可替代的重要意义。其中，已陆续出版的《中国政治制度》《中国法律制度》《中国基本经济制度》《中国基本分配制度》及《中国基本社会保险制度》等著作，共同构成了这一研究领域的坚实基石。这套丛书的宗旨在于深入探究中国特色社会主义制度的历史渊源、实践基础、基本内容、内在逻辑、特点优势以及未来的发展方向等重大议题。在当前世界正处于深刻变革与动荡的时代背景下，中国制度所展现出的独特优势和强大生命力，愈发引人瞩目。可以说，中国特色社会主义制度不仅是中国长期实践经验的结晶，更是中国智慧的集中展现。

值得一提的是，2019年中国社会科学出版社还精心策划推出了“习近平新时代中国特色社会主义思想学习丛书”。这套包含12本专著的丛书，集结了近百位专家学者的智慧结晶与辛勤付出，经过三年多的精心打磨与编纂，终于得以问世。丛书以跨学科、多视角、全领域的方式，对习近平新时代中国特色社会主义思想进行了全面而深入的阐释。同时，每一专题的研究都力求完整性与深入性的统一。该丛书对中国在经济、政治、文化、社会、生态等领域的发展经验进行了权威且富有学理性的解读，不仅为发展中国家提供了宝贵的经验和智慧，而且为世界贡献了中国方案。目前，这套丛书的外文版已签约119种，覆盖17个语种，并荣获32项国家级“走出去”资助项目，在海外引起较大反响与广泛关注。[②]这标志着以学术著作形式向世界传播习近平新时代中国特色社会主义思想的重要一步已经迈出，并正在产生深远影响。

中国学术对外出版作为文化交流与知识共享的重要途径，不仅在制度层面彰显了中国智慧，更在经济领域向全球展现了中国的深度思考和实践成果。中国经济的迅猛发展和转型升级，吸引了世界各地的目光。中国社会科学出版社

① 池步云，王怡霖．中国式现代化理念对外出版话语体系建构的逻辑理路与实践进路：基于共情传播理论视角[J].科技与出版，2023(7)：32-39.

② 中国社会科学出版社．「我们这十年(4)」助力构建中国话语体系，推动中国学术、中国文化走向世界：新时代中国社会科学出版社国际出版发展之路[EB/OL].(2022-10-15)[2024-03-05].https://baijiahao.baidu.com/s? id=1746725270545889202&wfr=spider&for=pc.

等权威出版机构通过推出一系列经济领域的学术著作，将中国经济的成功经验、发展模式以及面临的挑战等议题推向了国际舞台。以格致出版社为例，该机构专注于经济学领域的社科专业出版，近年来在经济学学术著作的编纂与传播方面取得了丰硕的成果，已成功将近30种著作英文版推向国际舞台，另有近10种已经输出版权，正在翻译中，实现了真正的“走出去”战略。2017年8月，《企业的企业家：契约理论》（张维迎）、《新供给经济学：供给侧结构性改革与持续增长》（肖林）、《解析中国：基于讨价还价博弈的渐进改革逻辑》（童乙伦）等三部学术著作的英文版由格致出版社与国际著名学术出版商施普林格合作出版。在格致出版社所承担的经济学出版项目中，以“当代经济学系列丛书”为规模最大，近30年来，出版了200余种国内外一流的经济学著作，堪称中国现代经济学史上的一座里程碑。立足这一优秀专业资源，格致出版社近年来遴选优秀本土著作，积极向国外同行推荐。除了上述提及的最新出版的三部著作之外，《服务经济发展：中国经济大变局之趋势》（周振华）、《大国综合优势》（欧阳峣）、《中国区域经济发展：回顾与展望》（陆铭等）、《大转型：互联的关系型合约理论与中国奇迹》（王永钦）、《金融学原理》（彭兴韵）等著作也成功输出施普林格、劳特利奇、新加坡世界科技等知名学术出版公司，并正式出版英文版。这些深入探讨当代中国经济发展及中国经济学演进的学术研究，不仅凝结了学者们的智慧与努力，而且其所得出的结论及政策建议具备全球性的重要意义，对于世界经济的发展与繁荣具有不可忽视的启示与贡献。

四、中国科技发展与创新

随着中国科技的迅猛发展和持续创新，关于中国科技成就与创新的出版物日益成为对外出版体系中不可或缺的一环。这些出版物精准地捕捉了中国科技发展的最新动态和前沿趋势，为国际社会提供了深刻洞察中国科技实力和创新能力的窗口。同时，它们也为中国科技界搭建了一个与国际同行交流思想、碰撞智慧、寻求合作的广阔平台，共同推动全球科技的进步与发展。

在现代科技浪潮中，中国以其卓越的研究成果和前瞻性的创新理念，正逐渐在国际舞台上崭露头角。近年来，国内出版商与国际出版巨头的紧密合作，不仅加速了中国现代科技学术成果的对外传播，而且进一步提升了中国在全球科技领域的影响力。以《中国量子通信技术研究与应用进展》为例，该书由国内权威出版机构科学出版社与全球知名的学术出版商施普林格联合推出，于2022

年正式亮相国际书坛。这部专著不仅系统总结了中国在量子通信领域的最新研究成果,更将中国的创新实践与世界科技前沿紧密相连,为全球量子通信技术的发展提供了重要参考。同样值得一提的是《中国5G技术与产业发展报告》,该书由人民邮电出版社携手国际知名出版商约翰·威利父子出版公司共同推出,于2021年首次问世。该书深入剖析了中国5G技术的创新成果与产业优势,以国际化视角展示了中国在全球5G市场竞争中的独特地位,为全球5G技术的研发与应用提供了宝贵的启示。

除了中外出版社紧密合作推动学术出版的发展外,依托大学平台的学术出版也在国际舞台上展现出其独特的影响力。2022年,西安交通大学出版社与知名学者雷亚国教授团队携手,共同策划出版了《大数据驱动的机械系统智能故障诊断与预测》英文版。[①]此书不仅获得国家科学技术学术著作出版基金的重点资助,更成功被施普林格出版集团引进,并引发了国内外学术界的广泛关注与高度评价。这一成果不仅彰显了中国学术研究的卓越水平,也进一步推动了中国学术成果的国际交流与传播。

在一些重要领域,中国学术科技发展与创新成果的对外出版同样具有亮点。如在绿色能源领域,《中国绿色能源技术发展与政策研究》一书由中国环境科学出版社与爱思唯尔出版集团于2023年合作出版发布。该书聚焦中国绿色能源技术的创新发展与政策支持,为全球绿色能源转型提供了中国方案,彰显了中国在推动全球可持续发展中的积极作用。

中国科技领域的学术出版活动,不仅展现了中国现代科技学术的对外出版成就,而且凸显了国内外出版商在推动学术文化交流与合作中的核心作用。这些出版物不仅是文字与数据的集结,更是中国科技领域智慧与实践的精髓,凝聚了国内外学者、研究人员以及业界专家的智慧与努力。通过精心策划和编辑,这些出版物展示了中国前瞻性的科技研究、丰富的实践经验以及深刻的理论探索,为全球科技进步注入了不可或缺的动力。它们促进了国际知识共享、思想激荡和创新协作,进一步推动了全球科技事业朝着更加繁荣、多元和包容的方向发展。同时,这些出版物也为国际读者提供了一扇了解中国科技领域最新动态、研究成果和未来发展趋势的窗户,增进了国际社会对中国的全面认知与深刻理解。它们是中国科技进步的一张亮丽名片,向世界展示了中国科技的

① 秦茂盛,祝翠华.依托母体高校优势打造特色学术出版品牌:以西安交通大学出版社为例[J].出版广角,2023(14):16-20.

活力与潜力。

综上所述，中国学术对外出版体系内容广博，其涉猎的领域广泛而深入。从传承千年的传统文化、历史考古的瑰宝，到现代社会科学的深邃探索，再到现代科技发展的前沿动态，无一不体现出中国学术的丰富内涵与独特魅力。这些出版物不仅是世界了解中国历史文化与现状的重要窗口，更是中国学者与世界学术界沟通合作的桥梁和纽带。它们让中国的学术声音在国际舞台上更加响亮，为中国学术的国际化发展注入了强劲动力。更重要的是，这些出版物不仅展示了中国学术的深度与广度，还促进了中国与世界在知识、文化、科技等领域的交融互鉴。它们为世界提供了认识中国、理解中国的宝贵资源，同时也为中国带来了世界各地的智慧与灵感。在这样的交流与合作中，中国的学术研究与创作得以不断完善与创新，为全球的学术进步和文化繁荣贡献了中国力量。

第二节　学术类对外出版体系特征

学术出版是文化“走出去”的基石和基点，因此对外出版话语体系构建应以学术出版话语为骨骼。作为学术成果的载体和传播平台，学术出版应致力于话语转换以打破西方出版机构话语权垄断。中国学术国际话语权的构建应处于中国对外话语体系的核心位置，学术出版机构应扮演与世界学术规范接轨的重要角色，积极融入国际学术话语体系。作为世界第二大图书博览会和国内最具国际影响力的书展平台，北京国际图书博览会已成为海外出版界参展商了解中国优秀图书及把各国优秀著作引入中国的良好平台。2019年第26届北京国际图书博览会吸引了超过95个国家和地区的2600多家书商，国际展商超过60%，共达成中外版权贸易协议5678项，同比增长7.9%，版权输出与合作出版意向和协议达到3610项，较2018年增长11.28%，各类图书的引进和输出比达到1:1.74。[①]

学术出版，作为出版领域的一颗璀璨明珠，其重要性不言而喻。它作为对外出版体系的重要组成部分，不仅对出版事业的蓬勃发展起着至关重要的推动作用，更是学术事业繁荣的坚强后盾，对人类思想的进步产生着深远的影响。

① 卢芳珠，李彪．增强文化自信　主动构建话语权：对外传播中的出版话语体系构建路径研究[J].出版广角，2020(17)：20-23.

同时,学术出版还肩负着促进人类文化创新和创造的重任,既致力于提升文化创新的品质,又努力增加文化创造的数量,为人类的文明进步注入源源不断的活力。

中国学术类对外出版体系承载着传递中国文化智慧、展现学术研究最新成果的使命,近年来,它以其独特的魅力和影响力,逐渐在国际学术出版领域崭露头角。习近平总书记强调:“文化自信是一个国家、一个民族发展中最基本、最深沉、最持久的力量。”[①]在新的时代,作为展示中国学术研究成果、推动国际文化交流和增强国家文化软实力的重要平台,中国学术对外出版体系具有鲜明的特征。

一、国际化与本土化的融合

中国学术对外出版体系注重国际化与本土化的融合,既展现中国学术的国际化视野,又保持中国文化的独特魅力。例如,中国国际图书贸易集团有限公司(简称“国图集团”)于2020年出版的《中国古代哲学思想及其现代价值》一书,就是一个典型的例子。该书以英文呈现,全面梳理了中国古代哲学思想的发展历程和主要观点,同时结合现代社会的实际案例,深入探讨了中国古代哲学思想在现代社会中的应用和价值。这本书不仅向世界传递了中国古代哲学思想的智慧,也展示了中国学术在哲学领域的独特贡献。

国际化有助于提升中国的国际影响力和软实力。通过出版高质量、有深度的作品,可以展现中国的文化魅力和思想深度,增强国际社会对中国的认知和认同。以《中国近代通史》为例,该书由知名历史学家张海鹏先生领衔,组织中国社会科学院近代史研究所学术力量编写,2007年出版。该书内容涵盖1840—1949年的历史进程,在当时是极富学术远见的。因为关于抗战年限以及其他一些重大问题的变化,2016年启动修订,2024年年初出版修订版,中国社会科学院将其作为重大成果予以发布。这部书构建了中国近代史的学科体系、学术体系、话语体系,对内容进行了修订升级,受到学术界和广大读者一致好评。中国学术出版不断与现代接轨、与国际融合,以内容升级打造更具传播力和影响力的学术出版作品。

本土化是中国出版业坚守文化根脉、传承和弘扬中华文化的重要手段。通过出版具有中国特色的文学作品、学术著作和科普读物,可以展现中国文化的

① 习近平.习近平谈治国理政:第四卷[M].北京:外文出版社,2022:103.

独特魅力和深厚底蕴，增强人民的文化自信心和自豪感。例如，2014年，江苏人民出版社出版《丝绸之路》，出版英文、法文、土耳其文等多个语种，并被评为对外输出经典案例。为庆祝中华人民共和国成立70周年江苏人民出版社出版的《吾国与吾名：中国历代国号与古今名称研究》，入选2018年度“中国好书”。在庆祝建党100周年之际江苏人民出版社出版的《向北方》，入选2021年度“中国好书”。2022年适逢共青团成立100周年，中国青年出版社联合江苏人民出版社出版《中国青年运动一百年(1919—2019)》，年销售超10万册；11月，党的二十大闭幕后一个月，江苏人民出版社推出的《中国式现代化论纲》，入选“中国好书”2023年3月榜单。2023年，为纪念毛泽东同志诞辰130周年江苏人民出版社出版的《抗战旗帜毛泽东》，入选中宣部主题出版重点出版物。2024年年初，当代中国出版社出版《新质生产力》；为纪念邓小平同志诞辰120周年，江苏教育出版社推出《邓小平视察纪实》，江苏人民出版社推出《北京谈话：邓小平在1978》；为纪念中法建交60周年，江苏人民出版社推出六卷本《法国通史》；为庆祝中华人民共和国成立75周年，江苏人民出版社出版《滹沱河畔》。这些图书主题性、学术性强，作者权威，切合重大时间节点，出版后产生较大影响，做到了“双效”统一。

国际化与本土化并非相互排斥，而是相互促进、相辅相成的。在国际化过程中，中国出版业需要注重本土文化的挖掘和传承，保持作品的原创性和独特性；在本土化过程中，需要借鉴国际先进的出版理念和经验，提高作品的质量和水平。通过国际化与本土化的融合，可以实现中国出版业的创新发展，推动中国文化走向世界。就亚洲地区而言，鉴于地缘与文化的紧密关系，越南与日本在中医药领域均拥有深厚的历史传统根基。因此，中国学术在对外出版时，特别将中医药门类图书的版权输出置于重要位置。其中，越南对传统中医更为关注，日本则更注重传统中医经方及中药饮片的应用实践。因此，福建科学技术出版社凭借其在中医中药领域的优势，深入剖析“一带一路”沿线国家的需求特点，有针对性地将《3D男性经络穴位图册》《3D女性经络穴位图册》等版权成功输出到越南，将《中药饮片标准图鉴》版权输出到日本，此举不仅彰显了中医药的国际影响力，而且为中国学术的对外传播增添了新的篇章。

二、学术性与普及性的统一

中国学术对外出版在保持学术研究高度和深度的同时，也注重将复杂的学术知识以通俗易懂的方式传递给读者，注重内容的可读性和大众普及性。这种统一体现了中国学术的严谨性和专业性，让中国学术在保持自身民族性的同时，将自身优势与特色以更容易被认可、更方便被传播的形式实现对外出版，让世界看到中国文化的光彩。同时，这种统一也以开放包容、兼收并蓄的实践步调展现了中国文化在世界舞台的重要作用，彰显了自身不可替代的独特位置，展现了中国学术对广大读者的友好和包容。

具有代表性的案例有外语教学与研究出版社于2021年出版的《中国文化概论》(英文版)一书，就将中国文化以通俗易懂的方式呈现给国际读者。该书系统介绍了中国文化的历史、哲学、艺术、文学等多个方面，通过生动简洁的语言进行表述，使得复杂的中国文化知识变得易于理解。此外，书中大量丰富的插图，更进一步增强了内容的可读性和吸引力。让国际读者能够轻松领略中国文化的魅力。这本书不仅为中国文化的国际传播做出了贡献，而且为中国学术的普及、推广提供了有益的探索。除此之外，具有代表性的案例还有商务印书馆于2023年出版的《中国古代文学名著导读》(英文版)。该书选取了中国古代文学中的经典名著进行解读，如《红楼梦》《水浒传》等。在解读过程中，作者不仅深入剖析了作品的主题、人物和情节，还结合现代读者的阅读习惯和审美需求，进行了有针对性的改写和注释。这种改写既保留了原著的精髓和风格，又使原著更加易于阅读和理解。同时，书中还提供了大量的背景知识和文化注释，帮助国际读者更好地理解作品所蕴含的中国文化元素。

我国出版业在进行国际接轨的过程中，还不断通过探索和完善对外出版话语体系构建方式，实现学术性与普及性的统一。传统出版方面，不断加强与海外大型出版公司的合作，实行合作出版本土化运作模式。如中国出版集团和印度三森出版社合作成立编辑部，推出《论语》《孟子》《尘埃落定》等作品，湖南人民出版社与越南安乐文化公司合作成立越南分社，推出越文版《新常态下的大国经济》等。数字出版方面，我国积极利用对外数字出版，通过构建期刊数据库、授权电子书数字版权、融入海外数字图书馆等方式推动中国文化在国际上的传播，如中国图书进出口(集团)有限公司运营的"易阅通"电子书平台、中南出版传媒集团与天闻数媒科技开发的海外数字出版平台等。除此之外，海内外具有国际影响力的图书展，如中国上海国际童书展、意大利博洛尼亚书展、德国法兰克福书展等，均为我国出版"走出去"提供了交流互鉴的平台。[①]

① 卢芳珠，李彪.增强文化自信　主动构建话语权：对外传播中的出版话语体系构建路径研究[J].出版广角，2020(17)：20-23.

将这些高深的学术知识以通俗易懂的方式呈现给广大读者，不仅有助于推动中国学术研究成果的国际传播，为中华文化的价值观传播提供良好平台；而且有助于增进国际社会对中国文化的了解和认同，让出版产业得以凭借此契机在国际舞台上大展宏图，从而赢得更加广阔的文化市场。同时，这种统一也体现了中国学术对外出版在传承和弘扬中华优秀传统文化方面的责任和担当。

三、多元化与特色化的展现

中国学术对外出版在广泛涵盖各个学科领域的同时，也注重突出各个领域的特色和优势。这种展现不仅体现了中国学术的多元性和丰富性，而且展现了中国学术在各个领域的独特贡献和创新。以下结合案例进行说明。

党政类图书的对外出版发行是具有中国特色的出版行为。新中国成立后，这类图书的对外出版曾为很多国家和地区介绍了中国革命经验，成为世界了解中国的重要窗口。这种出版行为，并非中国或者中国共产党独创，早在1928年7月至1931年1月间，孙中山的著作即被编译为日语、英语、法语、蒙古语等多种语种出版发行，以扩大传播范围。中国共产党从成立伊始就注重其革命理念、斗争状况的对外传播。中国共产党曾利用20世纪20年代后西方主要通讯社的记者进入中国采访报道我国时局的机会，请记者撰写中国共产党和中国人民革命斗争的实践，主动向国外传播，诞生了一系列成果，如《千千万万中国人》（安娜·路易斯·斯特朗）、《红星照耀中国》（埃德加·斯诺）、《来自红色中国的报告》（哈里森·福尔曼）等这些以第三视角审视中国共产党革命的著作，在国外一经出版，便赢得了国外共产党和广大进步人士对中国共产党的广泛同情和支持。中华人民共和国成立后，党政类图书的对外出版行为不仅得到了延续，而且实现了发展壮大，并作为向世界介绍新中国发展建设的重要渠道向世界输出，在亚洲、拉丁美洲、非洲等地区产生了巨大的影响。根据统计资料，1949—1987年近40年间，中国在全世界100个国家建立了813个中国书刊销售点，形成了覆盖五大洲的发行网络，而党政类图书是重要的组成部分。仅以毛泽东著作海外发行为例，据统计，1950—1957年，我国向国外发行图书215万册，其中毛泽东著作43万册；1958—1965年，我国向国外发行图书1303万册，其中毛泽东著作294.1万册。[①]

① 张奇．近年来我国党政类图书对外出版资助体系研究：以经典中国国际出版工程为例[J]．中国编辑，2017(11)：47-52＋54＋60．

专业类图书对外出版发行同样具有鲜明的中国特色。例如，中国地质大学出版社于2023年出版的《中国地质学研究进展》(英文版)就是一个典型的案例。该书聚焦地质学领域，系统介绍了中国地质学研究的最新成果和进展。在内容编排上，该书既涵盖了地质学的基础理论和方法，也关注了地质学在资源、环境、灾害等领域的实际应用。通过展示中国地质学研究的多元化和特色化，该书既为国际地质学界提供了重要的参考资料，也为中国地质学研究的国际交流合作搭建了良好的平台。上海交通大学出版社于2023年出版的《中国交通工程技术创新与实践》(英文版)全面梳理了中国在交通工程技术方面的创新成果和实践经验。在内容呈现上，该书不仅介绍了传统的交通工程技术，还重点关注了智能交通、绿色交通等前沿领域的发展动态。通过展示中国交通工程技术的多元化和特色化，该书为国际交通工程界提供了宝贵的经验和启示。

此外，在传统医学和现代医学的碰撞上，也有中国学术出版的身影。中共中央办公厅、国务院办公厅印发的《关于加强和改进中外人文交流工作的若干意见》指出，要推动中外广播影视、出版机构、新闻媒体的相互补充和良性互动，打造具有国际影响力的全媒体和文化传播机构，传播中国文化，重点支持中华传统文化代表性项目“走出去”。其中，出版是中外人文交流的重要主体。这一点可以在联机计算机图书馆中心(Online Computer Library Center，OCLC)中得到验证，输入检索词“Chinese Medicine”，发现海外中医药图书的出版量呈逐年上涨的趋势。就具体案例而言，中国科学技术出版社于2022年出版的《中国传统医学与现代健康》一书，就聚焦中国传统医学领域，系统介绍了中医药的理论体系、治疗方法以及在现代健康领域的应用。这本书不仅展示了中国传统医学的独特魅力，而且为国际社会提供了了解中国传统医学的重要窗口。此外，该书还结合现代医学理念和技术，探讨了传统医学与现代医学的结合点和发展方向，为国际医学界提供了新的视角和思考。

总体来说，聚焦不同的学科领域，突出各个领域的特色和优势，中国学术对外出版既为国际社会提供了丰富多样的学术资源，也为中国学术在各个领域提升国际影响力和话语权做出了重要贡献。

四、国际合作与交流的深化

中国积极与国际出版机构合作，共同推动中国学术成果的国际传播。“越是民族的，越是世界的。”人类在文明演进与国际发展的过程中无数次证明了这句话。文化本具有民族性与独特性，又无不体现人类文明的深刻交融和冲突。作为具有深厚文明底蕴的中国，自有区别于其他国家文明的独特艺术魅力。这种"我有他无"的文化现象，在传播中往往会给外国读者带来新鲜感，从而激发读者阅读图书的兴趣。

其一，加强出版社之间的国际合作与交流。例如，人民出版社与牛津大学出版社于2021年合作出版的《中国政治制度研究》一书，就是一次成功的国际化合作案例。该书以中英文双语呈现，系统介绍了中国政治制度的发展历程、基本特点和实践经验。通过双方共同推广和发行，该书在国际学术界产生了广泛影响，为中国政治制度的国际传播和交流提供了有力支撑。此外，双方还通过举办学术研讨会、开展互访交流等方式，进一步深化了合作关系，为推动中国学术的国际传播和交流提供了更多机会和平台。

其二，出版国际合作政策机制持续提供助力。中外出版机构以达成版权输出或合作出版意向为前提，经严格评审论证，择优进行资助。以2022年度的"丝路书香工程"为例，共有来自国内110多家出版机构的371个项目立项。入选项目从区域和语种看，除英语、法语、西班牙语、阿拉伯语、俄语等大语种外，重点关注中国周边及"一带一路"沿线国家和地区的小语种；从选题内容分类上看，除时政、学术等传统主题外，中国历史、传统文化和青少年读物所占比重进一步提升。岳麓书社的亚美尼亚文版《山海经》、中国大百科全书出版社的土耳其文版《写给孩子的中国通史》、希望出版社的保加利亚文版《一诺的家风》等引人注目。

其三，完善与拓展出版国际合作机制。如由中国人民大学出版社在2017年8月发起成立的"一带一路"共建国家出版合作体，是国内实施出版国际合作的国家级平台之一。截至目前，共有来自56个国家和地区的319家成员单位加入，基本覆盖了"一带一路"沿线所有国家。同时，中国外文局于2019年发起建立中国主题图书国际合作出版协作机制，其所属七家出版社目前已在全球44个国家建立了82家中国主题图书海外编辑部，覆盖了亚洲、欧洲、美洲、非洲和大洋洲的主要国家。中外出版方根据双方特点，发挥各自优势，联合或分工实施从选题策划、翻译定稿、版式设计到编辑加工、发行推广的一体化出版全流程。海外出版方从出版工作伊始主导或参与，立足本国读者需求与市场特点开展本土化运作加工，大大增强了合作出版成果的海外适配性，更好地融入了当地文化市场。①

---

① 池步云，王怡霖．中国式现代化理念对外出版话语体系建构的逻辑理路与实践进路：基于共情传播理论视角[J].科技与出版，2023(7)：32-39.

五、数字化与网络化的创新

2022年，我国数字出版产业展现出较强的发展势头，总收入达到13586.99亿元，比上年增加6.46%[①]，数字出版收入在新闻出版业收入中的占比连年提升，数字出版成为新闻出版业的支柱产业和重要发展方向。在国际出版市场，大型传媒集团的数字化转型之路起步更早，投入更坚决，盈利规模也更为可观。可以说，经过多年的探索，国内外数字出版的盈利模式逐渐清晰，数字化转型的前景越来越明朗。

新形势下，国家文化数字化、数字中国等战略的全面实施与推进，为中华文化对外传播提供了强有力的战略支撑。锚定中华文化的数字化呈现与传播，有关引导性、激励性以及规制性政策措施相继发布实施，为出版行业数字化转型以及中华文化对外数字化传播提供了方向引领和路径遵循。2022年4月，中共中央宣传部印发《关于推动出版深度融合发展的实施意见》，为新型出版体系构建和出版行业高质量发展指明了具体实施路径；5月，中共中央办公厅、国务院办公厅印发《关于推进实施国家文化数字化战略的意见》，为文化内容的数字化供给与传播提供了发展方向；8月，中共中央办公厅、国务院办公厅印发的《"十四五"文化发展规划》提出，要运用好网络渠道赋能中华文化传播。2023年2月，中共中央、国务院印发《数字中国建设整体布局规划》，为数字文化发展提供了目标指引。此外，《出版业"十四五"时期发展规划》《关于组织实施出版融合发展工程的通知》等文件的发布实施，将有效指导和引领出版行业的跨越式发展与转型。基于此，全域化政策布局日渐完善，将进一步加快赋能数字出版高质量发展，在探索推动文化"走出去"新模式、新业态的过程中，将有效助力中华文化走向海外，同时基于数字出版的多模态、富场景等特性，分众化、对象化传播成效显著，有效保障和强化了中华文化对外传播的辐射力与渗透力。[②]

随着数字化和网络化技术的快速发展，中国学术对外出版体系也积极拥抱新技术，推动出版物的数字化和网络化创新。例如，高等教育出版社于2022年出版的《中国高等教育发展报告》一书，就同步推出了电子版和在线数据库形

---

① 崔海教.2022—2023中国数字出版产业年度报告[M].北京：中国书籍出版社，2023:7.

② 谢亚可.数字出版融入文化数字化战略的现实意义与实践进路[J].出版发行研究，2023(1):8-14.

式。电子版通过国际在线学术平台发布,为全球读者提供了便捷的在线阅读和下载服务;在线数据库则汇聚了丰富的高等教育领域的学术资源和研究成果,为国际学者和研究人员提供了高效的信息检索和研究支持。这种数字化和网络化的创新举措既提升了出版物的传播效率和国际影响力,也为中国学术对外出版体系的发展注入了新的活力。2020年以来,外文出版社、新星出版社、华语教学出版社、朝华出版社和海豚出版社等五家出版社在数字出版转型及融合发展方面都进行了积极的探索。外文出版社积极自主研发出版数字产品,广泛开展对外合作,并针对重点电子书进行重点推介。特别是在党政图书大IP运营方面,外文出版社与中图易阅通、京东读书、咪咕阅读、掌阅iReader、天翼阅读、学习强国、新华读佳、新华文轩、博库中文、QQ阅读、全国高校思想政治工作网、中文在线等13家网络平台合作,于2019年4月12日上线习近平系列著作、"读懂中国"系列电子书。2020年,外文出版社与17家平台继续开展重点图书上线合作。新星出版社在电子书运营方面已有成熟经验,积累了400多个品种的电子图书并且数量每年持续增加,2019年仅电子图书一项就实现营收600多万元。全社已经实现传统图书与数字出版的融合共生发展,编辑在策划图书之初就将电子版权的签约、电子图书的制作与销售做了整体规划,数字出版部也会针对重点产品与编辑协商开发独立的电子图书,形成良性的发展模式。华语教学出版社基于教育教学图书无法单独售卖电子书的特点,一开始就选择了自己搭建平台进行资源数字化并以此为基础进行独立数字产品开发、运营的模式。近年来,相继开发并运营了几个针对海外、国内的教育应用平台,积累了数万名用户。朝华出版社主要采用精品IP带头直接变现的运营模式,与网易有道乐读非独家授权合作,把《中国故事绘》(中英双语版)系列、《写给孩子看的趣味汉字》系列、《真假美猴王》等做成双语视频课;把《美猴王》系列、《中国故事绘》系列、《跟着伊伊过大节》系列、《京剧有故事》系列、《詹同精选集》系列、《小米的四时奇遇》系列、《老神仙》系列等与中国传统文化相关的图画书或故事书做成多语种有声阅读,实现了可观的经济收益。海豚出版社通过资本、资源的合作开发,打造了"生动科学"这个国内首个AR(增强现实)科普教育平台。该平台运用全新的AR技术,将抽象的科普知识和原理,以生动、逼真的3D动态形式呈现出来,为青少年儿童提供系统、全面的互动式科普学习服务。

综上所述,中国学术对外出版体系具有国际化与本土化的融合、学术性与普及性的统一、多元化与特色化的展现、国际化合作与交流的深化以及数字化与网络化的创新等特征。这些特征共同构成了中国学术对外出版体系的独特优势和核心竞争力，为推动中国学术研究成果的国际传播和影响力提升、满足有效应对风云变幻的国际舆论场的现实需要、建设文化强国、推动中华民族伟大复兴发挥了重要作用。

中国在新媒体时代建立健全对外出版体系，推动出版业“走出去”，是新时代、新形势下中国共产党和中国政府对中国出版业发展提出的一项新要求和任务，是中国文化“走出去”的战略组成部分。推动中国文化产品和服务走向国际，加快中国出版业“走出去”步伐，推进中国出版业国际化、现代化进程是保持出版企业自身持续发展的必然要求。同时，出版业“走出去”也是国家文化软实力培育和发展的重要领地，有助于培育和发展优秀的民族精神，提高一国对他国文化思想渗透、文化霸权的抵御能力。《出版业“十四五”时期发展规划》中提出，要推动出版业高水平走出去。出版在融通中外文化、增进文明交流方面的作用独特。推动出版业高水平走出去，才能让出版在增强国家文化软实力和中华文化影响力中的作用更加明显。这是建成出版强国的标志之一，也是出版在新时代的责任和使命。

未来，随着全球学术交流和合作的不断深入以及数字化和网络化技术的持续发展，中国学术对外出版体系将继续发挥重要作用并不断实现创新发展，让世界听见中国声音、看见中国力量，让中国文化在世界文化宝库中发挥越来越重要的作用，为世界学术文化的繁荣和发展做出更大的贡献。

六、现有局限与挑战

近年来，我国对外出版的成效显著：外宣出版物突出重大主题，阐释了中国道路；精品输出聚焦中华文化，彰显了大国风范；对外出版形成规模效应，提升了传播能力；中国图书步入世界舞台，唱响了中国旋律。但与此同时，我们也要清醒地认识到，目前世界依然处于西方话语体系之中，作为世界第二大经济体的中国，文化软实力与经济实力并不相符。对外出版作为实现对外文化传播的重要媒介和形成对外传播话语体系的基础平台，要更加强调对外传播的效果，要时刻明确对外传播是增强国家文化软实力、加强中华文化海外影响力的重要渠道。要展现中华优秀传统文化、当代中国成就、习近平治国理政思想，让我国出版业既能“走出去”又能“融进去”。

习近平总书记在党的二十大报告中指出：“加快构建中国话语和中国叙事

体系，讲好中国故事、传播好中国声音，展现可信、可爱、可敬的中国形象。加强国际传播能力建设，全面提升国际传播效能，形成同我国综合国力和国际地位相匹配的国际话语权。”①学术话语是与官方话语、大众话语并列的三大话语体系之一。提高中国学术国际传播能力，是中国国际传播能力和国际话语体系建设的题中应有之义。

中国学术类对外出版体系在展现中国特色、维护学术标准、创新出版形式、促进国际交流与合作等方面取得了显著成就，这些特征共同构成了其独特的魅力和影响力。然而，中国学术类对外出版体系在发展过程中也面临一些挑战和不足。这些不足既有内部机制的问题，也有外部环境的影响。找到改进的方向，进而推动整个体系向更高水平发展。

1.专业外译水平不足

学术外译是推动中国学术“走出去”进程中的关键环节，对提升我国学术的海外影响力和争夺国际学术话语权具有重要作用。在《翻译与跨文化交流》中，作者以耳熟能详的表述为例，论证了只字之差可能引发的国际争议和舆论危机，发人深省。现阶段，囿于中外思想文化差异、学术外译平台和出版渠道有限、学术外译人才短缺等因素，学术外译仍面临诸多困难与挑战。②

学术著作因其高度的专业性，对译者的学术素养与翻译技能均提出了严苛的标准。然而，现实中兼具深厚学术造诣与卓越语言能力的翻译人才稀缺难寻。众多译者在面对学术著作的翻译任务时，往往力不从心，难以达到预期的翻译质量，遑论满足出版的严格标准，这在一定程度上阻碍了中国学术的国际化进程。以《明清之际士大夫研究》一书为例，为进一步推动中韩文化交流与学术互鉴，北京大学出版社于2012年与韩国中央BOOKS成功签约，达成合作意向，将这部学术著作输出为韩文版。然而，由于译者水平有限，未能满足出版要求，且难以寻到水平更高的译者，该书在2015年遭遇出版困境。经过多方努力，最终与韩国文坛出版社达成合作，这本书的韩文版于2016年底得以问世。可见，翻译质量在推动学术对外出版中具有至关重要的作用，凸显了其在国际化学术交流中的决定性地位。

① 习近平.高举中国特色社会主义伟大旗帜　为全面建设社会主义现代化国家而团结奋斗：在中国共产党第二十次全国代表大会上的报告[M].北京：人民出版社，2022：46.

② 王一赛.以学术外译助力中国学术观点“走出去”：专访中国外文局原副局长兼总编辑黄友义[J].对外传播，2023(10)：36-39.

在中医药相关出版物的对外传播中，翻译问题也亟须重视。中医药术语往往蕴含着深厚的中国文化内涵，在语言转换过程中很容易造成医学信息不精准和文化内涵流失的情况。在翻译过程中，汉语的多音字、同音字也会导致实指意义不统一甚至是错位，引起误读，因此盲目或不恰当的翻译不可取。西方从事中医翻译的英籍学者魏迺杰（Nigel Wiseman）博士认为，汉语塑造了中国人独特的语言、文化和思维方式。只有了解汉语，才能真切传达中医药文化的精髓。为鼓励世界中医药爱好者通过学习汉字去学习中医药的精髓，魏迺杰先生致力于出版《中医常用字》5个系列（*Chinese Medical Characters Volume1—Volume* 5），包括基本词汇、本草词汇、穴位词汇、诊疗词汇等。每个系列涵盖中医药最常用的100个汉字，不仅提供汉字的使用方法和实例以及字的组成、意义和词源（从古代象形文字向现代的演变），还留存练习汉字的页面。海外一些著名的出版机构也推出不少英汉双语的中医药出版物，如Blue Poppy Press出版的*Statements of Fact in Traditional Chinese Medicine*（by Bob Flaws），Paradigm Publications 出版的 *Introduction to English Terminology of Chinese Medicine*（Chinese Medicine Language Series，by Nigel Wiseman）等。总的来说，双语出版更符合国际受众的需求，发展前景看好。

除翻译问题外，为提升学术著作的传播效果，外译要考虑不同的文化背景语境，对于特定背景下的概念要“入乡随俗”，便于受众理解和接受。利玛窦来中国传教，根据中国文化发展的实际情况，采用“补儒易佛”的策略，选择中国文化经典《中庸》《诗经》中的“上帝”概念，来代替基督教的“天主”，由于符合中国本土传统文化的习惯获得了文化界包括当朝皇帝的理解与支持。此外，长篇幅学术著作《中国思想史》以深邃的笔触梳理了中国思想文化的演变脉络，展现了中华文明的博大精深与独特魅力。为进行海外输出，考虑到英文读者对中国思想的理解程度，海外版提取全书精华，从内容上进行了大量删减。一经上架，该书便受到海外读者的广泛关注，被评为2014年度最优秀学术图书奖。

在推动中国学术出版“走出去”的进程中，外译工作无疑扮演着举足轻重的角色。一方面，学术外译必须贴近目标语言，确保译文的准确性和流畅性，话语强调语言本身，更强调语言互动在社会过程和最终的影响意义。在世界语言多样性与文化多元化的格局中，以本国语言为载体，传播国家的、民族的文化和价值观念，是提升国家国际地位的重要战略举措。另一方面，我们也必须充分认识到不同民族受众之间文化背景和思想意识的差异，深入考虑不同民族受众的文化背景及理解能力，这对于提升翻译作品的传播效果至关重要。海外受众固有的文化传统和思维方式决定了他的“不见”或“洞见”，影响了他对另一种文化的认知和理解。要缓解“误读”所造成的“文化折扣”，规避文化误读，就需要克服传播挫折，加强出版内容建设，以文化和语言为抓手，提高对外出版质量，增强中医药图书的跨文化适应性，提升中国文化在世界医学文化中的话语权，以服务国家语言发展战略。因此，译者不仅需要了解源语言和目标语言的文化背景和传统，以正确地理解和传达文化差异，避免在翻译过程中出现文化误解或冲突，确保译文能够符合目标语言的文化习惯；还需要精通源语言和目标语言，对两种语言的语法、词汇、语境等有深入的理解和掌握。这包括能够准确理解原文的含义，并用流畅的目标语言进行表达，确保译文的准确性和可读性。为确保作为中华文化重要载体的汉语在国际多元文化的舞台上获得更多的话语平等权，应该做好语言的地位规划和声望规划，审时度势、制定科学的语言战略，使语言在国家和平崛起的过程中发挥巨力，保证国家强大时有与之相称的语言强势。总之，准确性、专业性和文化适应性是学术出版对外翻译中最重要的三个方面。只有在这些方面做到位，才能确保学术著作在对外传播中保持其原有的价值和影响力。

综上所述，做好学术对外出版，要不断提升译者的外译水平，充分考虑不同文化背景受众的阅读需求和理解能力，要让好的学术著作“走得出”。囿于世界各地使用语言的多样性和复杂性，以及汉语翻译的难度，对外出版多语种图书品种还亟待丰富。一方面，要加强顶层设计和政策激励，加快翻译人才队伍建设；另一方面，要充分运用大数据、人工智能等新技术，助力中国翻译产业发展和中华文化对外传播。此前，中国外文局与科大讯飞达成协议，以中国外文局丰富的多语种翻译语料资源为基础，推动国家级公益性翻译基础平台的建设，共同促进人工智能技术在翻译领域的应用。此外，中西方不同的研究视角、重点、方法和学术背景，造成二者在理论建构、概念体系上无法形成一种等值的转换。异质文化的“不可通约性”，注定了中国文化在对外传播过程中，会遭遇不同形式的抵拒和排斥，文化认同的道路漫长而曲折。随着全球化程度的不断加深，出版业应加强中西文化融合，参与世界范围内中国形象的传播与塑造，在更广范围内提升海外受众对中华文化的认同，助力中华文化实现海外建构。

2.学术出版质量挑战

出版物的出口数量从物质形态上更直观地代表着出版物的对外传播情况，近年来，我国图书在出口数量与金额方面依旧发展较为缓慢，在出口规模方面尚未形成足够强劲的海外竞争力。就学术对外出版而言，根据《中国科技期刊发展蓝皮书(2023)》，中国中文科技期刊的2021年复合总被引频次为937.76万次，比2018年增长了17.73%。中国作者发表的SCI论文被引频次为198万次左右，占全球SCI论文被引频次的39.85%。而中国的SCI期刊发表的论文被引频次超14万次，占同期全球SCI论文总被引频次的2.92%，高于同期中国SCI期刊发表论文数占全球发表SCI论文数的比例(1.64%)。中国科技期刊的影响力在持续上升，但学术对外出版的规模与力度仍需要加强。

从全球视角来看，发达国家的学术出版占比显著增长，从原来的28%跃升至超过40%，成为出版业中市场最稳定、利润最可观、回报最可靠的领域。作为世界上重要的经济体，我国在科研投入方面也取得了显著进展，跃居世界第二，科技人员每年发表的科研论文数量更是高居全球榜首。然而，与一些科技文化强国相比，虽然我国已成为科技文化大国，但在学术出版领域，其社会效益和经济效益等指标与我国在全球的经济地位、科研投入及科研成果数量相比，仍存在一定的差距，仍需进一步努力提升。据不完全统计，我国严格意义上的学术出版占比不到5%，增长空间巨大。①整体而言，中国学术出版的规模目前仍处于较低水平，在全球的占比依然相对较小，且高质量、高水平的学术著作数量仍显不足。尤其值得关注的是，那些真正具有创新性和原创性的学术成果并不多见，这在一定程度上制约了中国学术出版的发展。为此，我国需要加大投入，提升学术出版的质量和影响力，以更好地服务于学术研究和经济社会发展。而且，就目前来看，学术出版在促进经济社会发展中的角色尚未凸显，其整体的发展层次仍需深化和提升。

根据《中国图书海外馆藏影响力研究报告》，近年来，我国在海外各类图书馆系统中被永久收藏的图书品种总数持续减少。其中，2022年中国进入国外各类图书馆系统的永久藏书品种总数共15217种，相比2021年减少了2083种，下滑幅度持续加大。②这一趋势不仅揭示了我国出版业在国际市场上的竞争态势，而且凸显了我国在推动文化输出方面所面临的挑战。从出版层面来看，这

① 邬书林.高质量发展是出版“走出去”的前提和基础[J].新阅读，2023(9):8-10.

② 2022中国图书海外馆藏影响力报告发布[J].出版与印刷，2022(6):101.

一趋势可能反映了我国图书在内容创新、品质提升以及国际化表达等方面仍有待加强。学术出版需要既“专”又“精”且有所创新，如此才能满足国际学术期刊平台的需求。比如施普林格·自然出版集团，作为全球最具影响力的出版机构之一，旗下出版物的内容水平和学术影响力在海内外均享有很高的声誉。但综观国内现有的学术期刊，大多栏目的内容“泛”而不“精”，缺乏创新性。在全球文化交融的大背景下，我们需要更加注重作品的原创性和国际化视野，以满足海外读者的多元化需求。同时，加强与国际出版机构的合作和交流，提升我国图书的国际知名度和影响力，也显得尤为重要。从文化交流的角度来看，这一趋势表明推动中华文化“走出去”任重道远，我们需要更加积极地开展国际文化交流活动，推动中华文化在国际舞台上的传播与认同。此外，加强图书翻译工作，确保我国优秀图书能够准确、生动地传达给海外读者，也是提升我国图书国际竞争力的关键所在。

综上，打破困境，推动学术“出海”，需要聚焦在学术出版质量提升的重要性上。其一，把好内容关。对于如何加强出版“走出去”内容建设，中国新闻出版研究院研究员范军用12个字做了概括：深耕出版内容，提供中国方案。[①]找准出版传播对象话语共同点、情感共鸣点和利益交汇点，小切口展现大图景、小故事讲述大道理，运用能够被国际社会广泛接受的表达形式，构建中国叙事逻辑。出版“走出去”研究专家戚德祥认为，要在选题策划上找到进入当地文化的切入点及与当地文化产生共鸣的共振点，实现与目标国文化生态的有机融合，让承载中国话语的出版物更易于被国际社会和海外受众所接受。同时，探寻中国故事与世界关切的契合点，准确把握具有国际传播价值的选题内容，将创意策划、内容生产与用户体验相结合，创新对外话语表达，使中国故事更多地为国际社会和海外受众所认同。这样才能提升出版产品的精准度、辨识度和接受度，从而切实增强出版“走出去”的实效性。优质的出版内容不仅是我国学术水平和研究成果的代表，而且是吸引读者和赢得市场的关键。其二，提升创新性。创新对于学术对外出版具有极其重要的意义，是提升学术对外出版国际影响力的关键。具有创新性的学术作品往往能够打破文化壁垒，促进不同文化之间的对话和理解。另外，聚焦中国特色学术内容，将那些体现中国智慧的学术作品推向国际出版市场，让其在全球范围内传播中国声音、讲好中国故事。更重要的

① 刘蓓蓓.做深做实对外出版　创新拓展国际市场[N].中国新闻出版广电报，2022-06-24(001).

是，对外出版要注意版权问题，并严格遵循国际通行的学术出版规范，以推动中国学术的国际化进程。

3.学术评价体系局限

学术评价是确保学术质量和推动学术进步的关键环节，然而，当前中国学术类对外出版体系在学术评价方面还存在一些问题和挑战，这些问题不仅影响了学术评价的公正性和准确性，而且制约了学术研究的健康发展。

首先，当前学术评价体系过度强调量化指标，如论文数量、引用次数、影响因子等，导致学术评价陷入“数字游戏”的怪圈。这种“以量取胜”的评价标准催生了大量低质量、重复性的研究，许多学者为了追求这些量化指标牺牲了研究的深度和原创性。这不仅浪费了学术资源，也阻碍了学术研究的进步。

其次，学术评价过程中存在主观性和不公平性。由于学术评价往往依赖专家评审和同行评议，而这些环节容易受到个人偏见、利益关系等因素的影响，导致评价结果的客观性和公正性受到质疑。[①]一些优秀的学术成果可能因为与主流观点不符或受到某些利益团体的打压而被忽视或低估，一些平庸甚至是抄袭的作品却可能因为种种原因而得到高分。这种主观性和不公平性不仅挫伤了学者的积极性，而且损害了学术评价的公信力。

最后，学术评价体系还存在过度商业化和功利化的问题。在经济利益和学术声誉的驱动下，一些学者和出版机构可能忽视研究的真实价值和社会效益，过分追求论文发表的数量和影响力。这种功利化的学术评价导向不仅扭曲了学术研究的初衷，而且加剧了学术界的浮躁和急功近利的风气，不利于优质学术作品的创作与生成。

因此，不仅要建立更加全面、科学的学术评价体系，健全同行评议制度，明确评议标准和程序，还要鼓励多元化、开放性的学术评价，如可以探索开展学术项目评价、学术会议评价、学术专著评价等多种形式的评价，以更全面地反映学者的学术贡献和影响力。总之，完善学术评价体系和机制是中国学术类对外出版体系面临的重要任务之一。只有通过建立更加全面、科学、公正的学术评价体系和机制，才能更好地推动中国学术研究的发展和国际影响力的提升。这样，中国学术出版才能在国际舞台上大放异彩，为全球学术界贡献更多的智慧和力量。

① 潘丽媛.我国学术出版对外传播能力提升研究[D].西安:长安大学,2021.

第三节　学术类对外出版体系模式

国际上的学术出版领域不单单是图书出版与报刊出版，随着数字化技术的迅猛发展，数据库出版正逐渐崭露头角，成为学术传播与知识共享的重要渠道。数据库出版以其独特的优势，如信息量大、检索便捷、更新迅速等，为研究者提供了更加高效、精准的学术资源。习近平总书记在主持十九届中央政治局第十二次集体学习时提出："我们要把握国际传播领域移动化、社交化、可视化的趋势，在构建对外传播话语体系上下功夫。"① 数字技术与出版文化的深度融合为我国对外出版带来了多元的技术可能性，革新"文化肌肤"的同时，极大程度地提升了文化产品的互动性和好感度。与此同时，国际上的出版工作早已不是孤立存在，而是与科学研究、社会发展等各个领域紧密相连。出版机构通过与科研机构、高校等合作，将最新的研究成果、学术观点及时传播出去，为学术界的交流与进步搭建起桥梁。加强与政府机关、科研院校、各类学会协会的合作，借助作者的力量，组织策划体现前沿学术研究成果的出版物，联合打造精品学术出版。利用现代技术手段，加强与新媒体的深度合作，快速、准确了解终端读者需求，准确预判市场前景。此外，出版工作是国家文化建设的重要组成部分，出版单位是国家意识形态的重要阵地，要服务于国家发展大局、服务于科学研究与教育教学、服务于社会文化需求，统筹推进选题结构优化、产品质量提升、传播方式创新、管理手段提升，全面落实传承文明的使命担当，真正实现出版的高质量发展。出版工作还承载着推动社会发展的重要使命，通过传播知识、普及科学，为社会的繁荣与进步提供有力的支撑。

因此，我们可以看到，国际学术出版领域正呈现多元化、数字化、社会化的发展趋势，为全球的学术研究与知识传播注入了新的活力。学术出版国际化已成为学术界不可忽视的重要一环，以下是学术类对外出版模式的一些关键方面。

① 中共中央党史和文献研究院．习近平关于网络强国论述摘编[M].北京：中央文献出版社，2021:84.

一、合作出版模式

学术出版在知识传播、学术交流和创新发展中占据核心地位,它不仅是对学者研究成果的集结与展示,还是知识传承与学科交融的桥梁。通过学术出版,跨学科对话得以开展,学术研究的深度与广度得以拓展,从而推动科学不断向前发展。

近年来,为鼓励各国出版机构翻译出版中国图书,国家先后出台了"金水桥计划"和"中国图书对外推广计划",这些对推动出版"走出去"起到了积极作用。但目前我国出版业"走出去"的状况还不尽人意,存在问题和不足。版权贸易逆差是中国出版长久以来的痛楚。在2006年的北京国际图书博览会上,我国出版业才首次改变了博览会上图书版权贸易逆差严重的面貌,版权输出实现历史性突破,输出引进比为1.23:1。而这一比例在1999年逆差高峰时竟是1:15。据悉,2007年我国版权贸易输出引进比约为1:4,这说明目前图书版权引进大于输出的格局尚未有很大改观。①除此之外,民进中央提案中还列举了以下问题:我国版权主要输往东亚和东南亚受汉文化影响的国家,很难进入出版业更加发达的欧美市场;出版物输出语种单一,主要是中文版权直接输出;版权输出内容多集中在汉语学习、中医、体育、养生、旅游等方面,社会科学著作近乎为零等。

1.版权输出方式

自1995年起,我国开始系统地统计版权贸易数据,这使得版权输出成为评估对外文化传播效果的关键指标之一。经过20多年的发展,版权输出以其高度的可操作性和实践价值,已经演化成一条成熟的国际化路径。至今,它依然是学术出版国际化的主要渠道,为我国文化的海外传播提供了坚实的基础。比如,由北京大学中文系教授、著名学者袁行霈先生主持编写的《中华文明史》(四卷本),这部学术巨著由国学研究院众多学者共同完成的,因其深厚的学术底蕴和独到的思想见解,成为海外汉学界热衷探求的宝藏,具备极高的版权输出价值。经过深入的合作洽谈,北京大学出版社与剑桥大学出版社成功签署了版权输出协议。

2012年,在英国伦敦国际书展这一全球文化盛宴上,《中华文明史》英文版

① 让中国出版业大步"走出去"[N].团结报,2009-03-10(004).

以“剑桥中国文库”开篇之作的身份惊艳亮相,一经问世便引起了海内外学者的广泛关注和热烈讨论。这一成就不仅凸显了中华文化的深邃与博大,还树立了东西方学术传播的杰出典范,极大地推动了世界范围内的文化交流与融合。作为一部集大成者的学术巨著,《中华文明史》英文版在海外市场上的表现同样令人瞩目。自其问世以来,累计销售量已接近2000套。同时,该书的版税收入也取得了令人瞩目的成绩,这充分证明了该著作在国际学术界所拥有的广泛影响力及其深远的价值。而其深厚的学术底蕴、独特的文化视角和精湛的英文翻译,使这部作品成为展示中国学术风采和文化魅力的重要窗口。众多国际学者和读者通过这部作品,更加深入地了解了中国历史文化的精髓和特色,增进了对中国学术界的认知和尊重。《中华文明史》英文版的成功,不仅为其在国际舞台上赢得了极高的声誉,而且为后续其他语种版权的输出奠定了基础。随着日文版、韩文版、俄文版、塞尔维亚文版、匈牙利文版等版权输出协议的相继签订,这部著作的国际化步伐日益加快,不仅让更多人有机会领略到中华文明的独特魅力与深邃内涵,进一步推动了中华文化在全球范围内的广泛传播与交流,而且为中华文化的传承与发展注入了新的活力。

2.“借船出海”形式

除版权输出外,在中国学术对外出版的过程中,最常见的形式之一就是“借船出海”。对学术类对外出版而言,“借船出海”是指中国相关单位主办期刊通过与国外大型数据库商或国际知名学术出版平台紧密合作,共同完成期刊的出版和发行工作。这一方式可以快速提升期刊的出版效率,增强期刊的影响因子,从而进一步提升其国际影响力。推动出版“走出去”,提升国际影响力。在加强编译质量、提高出版物学术水平的同时要积极与国外出版商合作,建立良好的合作关系。如经济科学出版社积极开展对外交流将“中国道路丛书”等100多种图书版权输出到英国、德国、韩国、新加坡等国家,不断拓展版权贸易合作广度和深度,提升海外影响力。

(1)选择优秀海外出版社是中华学术“走出去”的关键环节

外译项目开展初期,项目选题推荐及翻译出版事务由中方出版社全权负责。2015年后,为推动外译立项项目在海外的高质量出版,形成了外译项目推荐选题目录及国外出版社机构指导性目录。目前的做法是,由申请项目的机构或译者联系海外出版社,给出版社提供译文样张,与出版社签订合同后方可申请立项。比如,英译作品应由英语国家的出版社或国际出版社来出版发行,以规避语言翻译表达方式生硬、别扭、不自然的问题，有效避免劣质译本的产生，促进中国学术声音的有效传播。

作为具有悠久历史和光荣传统的百年老社，商务印书馆、中华书局、生活·读书·新知三联书店积极响应国家号召，投身学术外译工作，携手多家享有国际崇高声誉的权威出版机构，推动中华学术“走出去”，为我国学者搭建高唱中华强音的世界舞台。近十余年来，商务印书馆在持续引进海外优秀学术成果的同时，也特别致力于整理和出版中华现当代学术经典，先后推出了“中华现代学术名著丛书”“中华当代学术著作辑要”等大型丛书，并与世界一流学术出版机构携手合作，精选两套丛书中有代表性的优秀成果及其他学术精品图书，翻译成外文版在海外出版发行。其中，英文版已出版50余种，例如，与德古意特合作出版了《中国语言生活状况报告》，与施普林格合作出版了厉以宁先生主编的“中国道路”系列，与劳特利奇合作出版了“汉语语言学”系列等；目前还有60余种图书正在翻译或处于编校加工过程之中。

与国际专业出版集团携手“借船出海”，已经成为中国超过九成英文学术期刊实现“走出去”战略的重要途径。其中，上海地区的20种英文科技期刊中，高达19家选择与国际专业出版集团合作，共同推进学术成果的国际化传播。值得一提的是，影响因子在2020年首次突破20大关的《细胞研究》，正是国内率先敢于尝试与英国施普林格·自然出版集团合作，成功“走出去”的科技期刊之一，这一举措无疑为中国学术期刊的国际化发展树立了典范。在“借船出海”这个过程中不断学习、碰撞并深刻意识到信息产业的技术创新与市场开发是中国学术期刊业的“软肋”，培育世界一流期刊不能仅靠做高影响因子，打造独立的科技出版市场品牌及加速融入全球市场是中国科技出版转型的必需选项。

除了期刊合作外，以大学为依托的出版社也通过与国际知名出版社合作大力推动中国学术“走出去”。2023年6月16日，在第29届北京国际图书博览会上，英国世界科学出版社与西安交通大学出版社签署了战略合作协议，双方携手讲好中国故事、传播好中国声音，共同致力于推动中国文化“走出去”，开展深度合作。学术出版，作为知识传播与学术创新的核心环节，承载着推动学科发展、增进文化交流、提升国家学术话语权的重任。大学出版社作为母体高校的重要组成部分，要主动融入高校发展大局，服务学校事业发展，做好做实特色学术出版品牌。一是充分发挥母体高校优势。大学出版社应该充分利用好母体高校的专家优势和人才优势，建强自身编辑人才队伍。编辑人才是学术出版的核心力量，他们的素质和能力直接影响到出版物的质量和水平。大学出版社应该注重培养和引进母体高校高素质的编辑人才，为他们提供良好的工作环境和发展机会。通过建设一支高素质的编辑人才队伍，大学出版社可以为母体高校的高质量发展提供有力支持。二是加强合作交流，促进共同发展。大学出版社服务于国家教育事业，彼此之间有着千丝万缕的联系，要加强务实合作，依托中国大学出版社协会，共同打造大学出版学术资源库，打通学术壁垒，实现共建共享，杜绝重复出版和低水平学术著作。统一的学术资源有利于资源整合、精准化宣传和营销，从而能够实现学术出版价值最大化。资源库建设要充分考虑各出版社之间的利益，实现合作共赢、同谋发展。三是要加强版权保护，防止资源流失、侵权事件的发生。如北京大学出版社依托北京大学在文学理论、法学、经济学领域的学科优势，策划出版了《现代中国的述学文体》《比较法研究：传统与转型》《新结构经济学》等优秀学术著作。

(2)选择出版著作是中华学术“走出去”的关键因素

学术出版“借船出海”，除了选择优秀的海外出版社，出版著作的选择也是成功“走出去”的关键因素。“理解中国丛书”英文版对当代中国在经济、政治、民主、生态等问题和执政党建设上进行的全面改革和发展趋势做了系统的研究和阐释，既展现了立体、全面、真实的当代中国形象，又符合西方对中国的学习兴趣。该丛书的英文版由中国社会科学出版社与德国施普林格·自然出版集团合作出版，2015年作为美国图书博览会主宾国活动中的中国重点推荐图书首次面世，引起海外广泛关注。随后，在英国伦敦国际书展、印度书展的主宾国活动中也作为重点图书推荐。该丛书除英文版外，也被翻译成其他语种版本在海外发行，目前已与海外合作出版53种，包括英文、西班牙文、阿拉伯文、日文、俄文、法文、德文、波兰文、韩文、泰文等。近年来，中国社会科学出版社积极响应“一带一路”倡议，陆续签约了印地文、波兰文等语种，进一步扩大了“理解中国丛书”的国际影响力[①]，实现了国内外文化上的有效沟通，更为全世界从事中国研究及相关领域研究者提供了优质的思想资源。

3.项目资助方式

内容精专、翻译出版难度大、项目综合成本高、海外推广条件参差不齐等，

① 中国社会科学出版社.[我们这十年(4)]助力构建中国话语体系，推动中国学术、中国文化走向世界——新时代中国社会科学出版社国际出版发展之路[EB/OL].(2022-10-15)[2023-02-19].https://baijiahao.baidu.com/s? id=1746725270545889202&wfr=spider&for=pc.

是中华文化主题出版“走出去”面临的普遍性问题。近年来，“经典中国国际出版工程”“丝路书香工程”“中华学术外译项目”等出版工程得到有力实施，以中外出版机构达成版权输出或合作出版意向为前提，经严格评审论证，择优进行资助。“表达思想、传播文化、传承文明”是出版的本质意义与崇高追求，而将自身发展汇入时代浪潮、融入民族文化构建，助力中华民族文化精髓与学术哲思走向世界，促进中外思想的交流与碰撞，为建设人类命运共同体贡献中国学者的智慧，更是出版行业的历史使命与责任担当。

由全国哲学社会科学基金于2010年创立并主持的“中华学术外译项目”，作为国家社科基金的主要资助类别之一，致力于推动中国优秀学术成果的国际化传播。中华学术外译项目致力于资助学术精品的翻译与出版工作，其根本目的在于利用国家社科基金的引领和示范效应，推动中外学术之间的深度交流与对话。此举旨在增进国际社会对中国的认识与了解，特别是对于中国学术领域的认知，以进一步扩大中国学术在国际舞台上的影响力，增强中国在国际学术领域的话语权，从而让世界更加全面、深入地理解“中国哲学社会科学”的独特魅力与价值。截至2021年，中华学术外译项目共涉及28种语言，其中英文版项目达到56%。学科方面，中华学术外译项目最初涉及马列·科社、哲学、理论经济、政治学、法学、社会学等8个学科①，经过十余年的发展，当前项目立项著作的学科分布逐渐多样化，涉及马列、哲学、社会学等25个学科，英文、韩文、俄文、日文等17个文版，形成多学科共同繁荣的局面，向海外呈现日益丰富立体的中国叙事②。

综上所述，随着中国“走出去”步伐的加快，简单的版权贸易、“借船出海”已不能满足“促进文明互鉴”的要求。近年来，我国出版机构相继采用并购国外出版机构、建立海外编辑部等模式，加快实施本土化海外运营的步伐，如中国人民大学出版社发起的“一带一路”共建国家出版合作体，外语教学与研究出版社发起成立的“中国—中东欧国家出版联盟”，上海交通大学出版社和印度NCBA出版社联合成立的“中国—南亚科技出版中心”，都吸引了众多国家的出版商、学术机构和专业团体加入。中国外文局也与38个国家共建65家中国主题图书海外编辑部。这些创新举措对带动中国出版“走出去”、扩大中国主题图书的海外

① 诸葛蔚东，刘明，马晨一.中华学术外译项目实施现状分析及优化建议：基于对2010—2021年立项项目的考察[J].出版广角，2022(21)：54-61.

② 吕秋莎.中华学术外译项目助力中国学术著作走出去：基于中华学术外译项目2010—2020年的统计分析[J].出版参考，2021(11)：26-32.

影响力、助力文明互鉴等,都发挥了积极作用。

二、自主出版模式

相较于大众类出版物用户群体广泛,学术出版物作为一种学术著作,其阅读需要有一定的学术基础,受众群体数量受限,因此对外出版在很大程度上需要国家的政策支持。2003年,国家新闻出版署第一次明确提出要加快我国新闻出版行业发展“走出去”,并作总体规划与布局。2006年,《新闻出版业“十一五”发展规划》制定实施,提出我国要积极实施并推动中国出版业“走出去”。2011年,首个出版“走出去”专项计划——《新闻出版业“十二五”时期“走出去”发展规划》正式颁布,打开并进入国家出版主流市场。2013年,党中央提出“一带一路”倡议,“丝路书香工程”作为中国新闻出版业进入国家“一带一路”倡议的重大项目,充分展现了国家对出版“走出去”的重视。

1.传统出版品牌自主出版模式

我国的出版制度政策,如同一片沃土,滋养着科技类老出版品牌的茁壮成长。这些品牌,在悠久的历史中沉淀了深厚的文化底蕴,又在不断的创新中焕发出新的生机。在全球化的时代背景下,传统出版品牌正迎来前所未有的海外发展及多元化经营的新机遇。人民卫生出版社积极响应这一趋势,于2008年果断采取行动,在美国设立了有限责任公司,按照当地的市场规则和业务模式开展运营,成功实现了本土化运营。这一重要举措不仅标志着中国在海外的首家医学专业出版机构的诞生,而且是人民卫生出版社积极拓展国际市场的重要里程碑。为了进一步巩固其在国际出版领域的地位,人民卫生出版社随后又收购了加拿大戴克出版公司的全部医学图书资产。这一收购不仅丰富了人民卫生出版社的医学图书资源,而且提升了其在国际出版市场的竞争力。通过这一系列的海外拓展和资产收购,人民卫生出版社成功实现了从本土到国际的跨越,为传统出版品牌在全球舞台上展现新活力树立了典范。2009年,中国国际出版集团也展现出了强大的海外拓展能力,成功收购了具有百年历史的法国出版社。同年,科学出版社也紧随其后,在海外设立了东京分社,进一步拓展了其在国际出版市场的影响力。这一系列举措,不仅展示了我国出版业在全球化背景下的积极姿态,而且为科技类老出版品牌的传承、发展、壮大提供了坚实的支撑。

如今，国内出版社正积极拥抱全球化趋势，纷纷在海外设立分社以拓展国际业务。例如，社会科学文献出版社在俄罗斯设立了俄罗斯分社——斯威特出版社，借由资本“走出去”成功打开了海外图书市场，实现了学术出版国际化，逐步构筑起了一个包含国际化出版、营销、资本运作与版权贸易在内的综合性平台，这不仅在实物出口和版权贸易方面展现出显著成效，而且在开拓国际市场方面发挥了不可替代的重要作用。这一举措不仅加强了中俄两国在学术出版领域的交流与合作，还为国内出版社走向国际舞台奠定了坚实基础。同时，上海交通大学出版社也在国际出版领域取得了显著成果。其出版的《东京审判：中国的记忆与观点》一书成功入选“剑桥中国文库”，这标志着该作品在国际学术界获得了广泛认可。此外，“大飞机出版工程丛书”和“转化医学出版工程丛书”等作品也成功输出至世界主要学术出版商，进一步提升了上海交通大学出版社在国际出版市场的知名度和影响力。

2.大学出版社的自主出版模式

依托学科优势，打造具有自身特色的学术出版品牌。大学出版社是高校“双一流”建设的重要参与者和实践者，一方面，大学出版社策划母体高校重点学科的选题、出版优势学科的学术成果等，是助力母体高校进行一流学科建设的重要路径，另一方面，大学出版社充分发挥学科辐射作用，整合各种优质资源，有助于构建特色学术出版品牌，建立高水平出版体系。如清华大学出版社的计算机、理工类图书，上海交通大学出版社的“大飞机出版工程”等，都是大学出版社服务母体高校“双一流”建设的范例。依托华东师范大学教育学的“双一流”学科优势和学科建设平台，华东师范大学出版社成立了教育学出版中心，成为上海首批被授牌的专业学术出版中心，着力打造一流的专业学术出版高地。

大学出版社聚焦优势板块，构建具有中国特色的自主知识体系。首先要做好顶层设计，服务国家文化发展战略需求。大学出版社应强化学术出版的责任意识和使命意识，为学科建设沉淀精品提供出版服务，聚焦具有重大学术价值和文化意义的项目，注重学术出版的“大项目”布局，突出原创性、专业性、学术性，统筹调动资源，推动重要图书项目落地实施，为助力“三大体系”建设提供成果载体与传播渠道，为大学学科的发展和声誉提升提供有效支撑。如北京大学出版社的《儒藏》、浙江大学出版社的“中国历代绘画大系”等，是大学出版社聚焦国家战略需求、以学术出版的形式对中华优秀传统文化做创造性总结的典范。华东师范大学出版社“十四五”期间重点策划的“汉字文化思想传承”丛书，立足国家文化建设和中华文化传承发展的需要，为“汉字文化圈”乃至全世界的中文读者认知中国文化传统提供了新视角、新方法、新资料。

学术出版是出版业的核心板块之一，在出版界被誉为“皇冠上的明珠”。学术出版专注于学术成果的记录与转化、知识传递、科技传播与文化传承，对推动人类思想解放和社会文明进步发挥了重要作用。当前知识服务、融合出版、数字出版等新业态推动着学术出版的转型升级，出版业应当加快推进融合创新，顺应和把握内容生产传播方式变革的历史潮流，变革产品形态、出版业态和发展状态，真正实现科技创新，助力学术出版。中国学术出版从“借船出海”走向“造船出海”“购船出海”，让中国学术出海再进阶，更让国内出版机构意识到打造国际化出版平台、打通国际出版渠道、营造自身品牌的重要性。

三、数字化出版模式

数字化出版的兴起不仅改变了传统出版业的生态，还改变了人们获取资料的方式和阅读习惯。互联网时代下，学术出版对外传播的载体变得更加丰富，纸质出版不再是唯一选择，读者的阅读方式也趋于多元化。

近年来，学术出版领域正经历着前所未有的变革，国外学术出版的数字化浪潮日益汹涌澎湃。在这场数字化转型的浪潮中，国际学术出版巨头们纷纷调整战略，加大数字出版的投入力度。如今，这些巨头的营业收入中，数字出版收入已显著超越传统的纸质出版，成为新的增长引擎。

以数字化赋能推动学术出版高质量发展。利用现代信息技术为出版赋能，已成为各家出版社的共识。社会科学文献出版社致力于将数字信息运用于学术生产的全过程，利用大数据、人工智能等新技术推进学术研究的发展。上海交通大学出版社明确深耕学术出版的数字化融合，出版社数据库云平台汇集“中医疫病古籍整理数据库”等7个学术专题数据库，形成学术出版数据库集群。再比如，中国音像与数字出版协会发布《出版业生成式人工智能技术应用指南》团体标准，推动出版人在新技术领域深入思考。大象出版社2023年6月与施普林格·自然出版集团签订“中国汉学研究史论丛书”中英文同步出版协议，是国内首家与OpenAI达成间接合作的出版社。

我国出版社在数字化出版方面仍处于积极探索时期，一方面，坚定地维护着自己的内容资源和数字版权，积极与国外学术出版商和数据集成商深化合作；另一方面，加强数字出版优质平台的建设。目前，为更好地推进中国学术出版“走出去”,不少出版社正在做出努力。中国人民大学出版社在学术图书数字版权方面给予了高度重视,不仅积极授权学术著作的数字版权,还努力通过网络等多种渠道,将这些数字版本的学术著作推向全球。这一举措不仅拓宽了学术著作的传播范围,而且为世界了解中国提供了更多机会,有助于提升中国学术的国际影响力。与此同时,社会科学文献出版社也在积极探索数字化转型的道路。他们自主建设了中文学术数据库,整合了丰富的学术资源,为国内外学者提供了便捷的学术查询和研究工具。在出版物数字出口方面,他们充分利用自身优势,积极向海外学术机构出售中文数据库,推动中国学术资源的国际化传播。通过努力,中国学术逐渐搭上了国际数字化出版的“东方快车”,“中国主题”和“中国内容”以更加迅疾和高效的方式走向世界。①

当下国外的数字出版并不局限于提供数据库服务,其更注重学术资源的深度整合与学术出版的深度融合。我国学术出版借鉴西方先进的经验,在出版深度融合方面走出了中国道路。例如,上海交通大学出版社在推进学术资源共享方面力担重任,积极推进数据库云平台建设,并建设了全国首个“中医疫病古籍整理数据库”,推动了中医学术资源共享进程。青岛出版集团与英国出版科技集团达成出版合作意向,携手共建了“出版物国际数字传播平台”,旨在加速融合出版的步伐,并通过数字出版的形式,成功开辟了海外市场的新篇章。在2015年,机械工业出版社与爱思唯尔强强联手,共同推出了一个电子学术双语图书项目的在线阅读平台。这一平台不仅为读者带来了双语阅读的便捷体验,还在推动学术资源的国际共享与交流方面发挥了积极作用。与此同时,外语教学与研究出版社也积极拥抱数字化时代,充分利用跨国巨头亚马逊的网络平台,促进其数字图书产品的推广与销售。已有超过百种汉语图书以电子书的形式成功打入海外市场,这一举措不仅极大地丰富了国际读者的阅读选择,还取得了显著的社会效益和经济效益,为中华文化的海外传播注入了新的活力。

总体而言,中国在学术出版的数字化进程方面,尽管已经取得了显著进展,但仍有巨大的提升空间等待我们去挖掘和开拓。当前,数字化技术在出版领域的应用日益广泛,而中国学术出版界在这方面的探索与实践仍显不足。为了进一步提升学术出版的影响力和传播效果,首先,要加快推进现有学术著作的资源整合,加强学术出版数字化平台与数据库建设,最大限度满足学术传播与出

① 李永强.促进学术出版国际化　推动中国经验“走出去”[J].出版发行研究,2015(8):11-13.

版业发展的需求，同时也需要加强与国际学术出版界的交流与合作，借鉴其成功经验，推动中国学术出版的数字化进程不断向前。其次，应当树立世界格局，积极融入全球学术研究，展现中国形象。如清华大学出版社与爱思唯尔、施普林格等国际知名学术出版机构合作，持续将中国的前沿科技成果推向世界。最后，坚持学术原创，推动特色学术出版“走出去”。学术出版应当传播中国声音，讲好中国故事。华东师范大学叶澜教授主编的“生命·实践”教育学论著系列，是对教育学整体形态进行当代重建的中国原创，2018年《回归突破：“生命·实践”教育学论纲》发行英文版，成为面向世界发出当代中国教育学声音的代表之作。

综上，我国学术出版从“借船出海”“买船出海”再到“造船出海”，从版权输出、合作出版再到资本“走出去”，紧跟时代发展，不断探索与创新，走出了一条中国特色的学术对外出版道路。

第三章　教育类对外出版体系建设模式

教育是文化的重要载体，也是文化传播的有效媒介。在全民学习、终生学习的时代，教育话语起着联通社会各个阶层和团体的作用，是社会有机体的经络。教育出版物是教育的载体，教育的社会功能中有一部分是通过教育出版来实现的。[①]中国教育出版体系化发展特征显著，内容研发与生产、人才队伍建设、立体化营销与推广等体系基本建立，教育出版的深度融合不断提速，逐步从单一的纸数融合稳步迈向产业融合阶段。在政策体系不断完善、产业规模持续扩大、技术赋能动力强劲、跨界合作日益频繁的现状下，新时代教育出版的深融转型和高质量发展将持续推进内容科技融合，以数据贯通教育出版发展全流程，加速教育出版国际传播能力建设。因此，在研究我国对外出版体系时，对教育类对外出版体系建设模式的探讨是十分重要的。

第一节　教育类对外出版体系内容

为阐释我国教育类对外出版体系的建设模式，首先要了解我国教育类对外出版体系的具体内容，在对内容有了较为详细、全面的认知后，才能更好地把握这一体系的发展状况、规律和趋势，从而探索其建设路径。

① 孙万军.中华文化对外出版话语体系构建探析[J].中国出版，2016(17):15-18.

一、内容概述

以精品内容与优质服务满足教育教学现实需求，始终是教育出版的核心使命。2023年，教育部启动新一轮义务教育国家课程非统编教材修订和送审工作，得到了中央及地方各教育出版单位的高度重视。人民教育出版社以“培根铸魂、启智增慧”为出版目标，通过教育科研的先导作用、试教试用的研发模式和编研一体的出版机制，推出了语文、数学、化学、历史等精品义务教育新课标教材。河北教育出版社分科目、分学段组织召开教材编写会，通过多轮研讨和内容优化打造精品教材，并以教师座谈、专家交流、问卷调查等方式收集整理教材使用反馈意见，有效提升教育教学服务水平。此外，山东教育出版社、四川教育出版社、安徽教育出版社等纷纷从内容优化、人才建设、编校把关等全流程环节实施精品出版策略，在教材质量检查和各项评比活动中取得优异成绩，如山东教育出版社在全国人教版中小学教材印装质量评比过程中连续5年位居全国前三，切实实现了精品化发展目标①。

新媒体时代，恰逢我国经济快速发展、国际影响力迅速提升，国际社会对中国的关注度和兴趣与日俱增，全球逐渐兴起一股“汉语热”。在此背景下，我国大力推进中外语言交流，促进中华文化对外传播。因此，近年来我国教育类对外出版主要集中于国际中文教学，多为语言文化类教材。这个较大的图书门类又可以被细分为多种具体的类别：综合性课堂汉语教材，如销量较高的《中文听说读写》《走向中文》等；专项技能或要素类汉语教材，包括汉字教材、听说教程、词汇书、语法教材等；中文教学启蒙类读物，如《我的第一本中文单词书》；中文工具书，包括汉语字词典、单词卡片等；中文考试的相关辅导书目，如同步练习册、习题集等。②

不同于纸媒时代，如今我国对外出版的教育类读物开拓了数字化的新方向。在数字平台中，许多读物向读者提供的并不仅限于原有的书籍内容，还搭配着与书籍内容息息相关的网络课程、电子词汇本、趣味知识类游戏等衍生部分。这些电子教材、线上资源也是教育出版体系中的重要内容。此外，政府出

① 尹娜.2023年中国教育出版：发展特征、行业表现与未来展望[J].出版广角，2024(3)：75-79.

② 俞玮奇，韩进拓.国际中文教育图书的海外出版传播对策研究：基于亚马逊网站图书的统计分析[J].科技与出版，2021(11)：34-39.

台的针对对外教材出版的指导性文件、各个有教育类产品出版业务的出版机构、由出版机构开展的版权贸易活动、出版单位联系举办的宣传活动（如书展等）也是教育类出版体系架构中的重要环节。

二、内容分析

对于我国教育类对外出版体系的具体内容分析，可从国家形象构建、人物形象构建、各类教材教学模式、新媒体出版内容以及教材中的词汇与语法五个方面展开深入阐述。

1.国家形象构建

国家形象能够体现一个国家的国际地位和综合国力，我国十分重视国家形象的塑造。国际汉语教材作为推广汉语、普及中华文化的桥梁，在对外出版的过程中承载了我国的文化形象，全球各地的汉语学习者在使用教材时逐步形成了对中国形象的整体性认知。[①]这类图书往往在教授汉语时融入具有代表性的中国元素和中华文化，编写团队将其通过科学得当的话语策略融入汉语题目、文段等素材中，帮助读者更好地了解中国，为我国在全球视域中构建积极的国家形象发挥作用。

（1）话语策略应用

第一，交流沟通上的话语策略。利用汉语教材推广中华文化切忌生硬化、说教式的灌输，要利用一定的话语策略进行融合。之所以强调对外出版的文化交流沟通作用，是因为出版对人们观念上产生的作用和影响是长远且深入的。因此，对外出版和文化互动要加强民间交流传播，这样才能“润物细无声”。对外传播既要在国际舞台上讲好中国故事、传播好中国声音，又要在面临国际冲突或关键问题上表达中国的国际立场和态度。党的十八大报告提出，人类命运共同体旨在“在追求本国利益时兼顾他国合理关切，在谋求本国发展中促进各国共同发展”[②]。因此，在人类命运共同体理念指导下的对外出版话语体系构建，要有助于中国模式和中国道路的阐释，在面临西方话语体系称霸的情况下，着力凸显中国特色社会主义制度优势和文化自信。对外传播的出版话语体系

① 罗云.国际汉语教材《走遍中国》里中国国家文化形象的构建研究：以文化角模块为例［D］.贵州：贵州大学，2023.

② 胡锦涛.坚定不移沿着中国特色社会主义道路前进　为全面建成小康社会而奋斗：在中国共产党第十八次全国代表大会上的报告［M］.北京：人民出版社，2012：47.

建构，需秉持人类命运共同体合作共赢、休戚与共、和谐共生的理念，采取多元包容、互学互鉴的主体视角。习近平总书记在2019年亚洲文明对话大会上提出的加强文明交流互鉴的“中国方案”，对我国对外传播的出版话语体系构建有着重要指导意义。“中国方案”旨在要求各国在构建亚洲命运共同体、人类命运共同体的时候，要做到“相互尊重、平等相待”“美人之美、美美与共”“开放包容、互学互鉴”“与时俱进、创新发展”。这四点主张不仅体现了中国作为世界大国的应有担当，还应成为我国对外出版话语体系构建遵循的原则，为中华文明的世界交流和未来传承打下坚实的基础。

第二，面向读者的话语策略。对外传播中的文化交流要实现从“走出去”到“走进去”，文化共鸣和文化共创应更多地体现在民间交流中的公众认可上，在讲好中国故事、展现中华文化独特魅力的同时，积极寻找中西方文化的共通之处，加强海外受众对中华文化的感知，维护人类文明的多样性。中华文化要想得到世界的认可，还应改进沟通策略，让沟通形式和沟通元素更加国际化和多样化。吴平总结出四种适用于国际汉语教材的策略：文化策略、和而不同策略、合作策略和顺序策略。[①]文化策略注重不同文化之间的共识部分和差异部分，比如“龙”这个文化符号在中国人眼中代表祥瑞，而相应的英文词语“dragon”在西方往往是邪恶的象征。因此，教材中涉及文化差异部分时，应当配有一定的解释说明文字，避免读者因文化差异而感到难以接受。和而不同策略是在学习者的母语和第二语言（这里指汉语）之间找到一个中间地带，为两种语言直译可能产生的误差提供缓冲。合作策略和顺序策略则分别强调中外合作编写和内容由浅入深。

第三，文化态度上的话语策略。应该做到谦逊包容、自信友善，既不能妄自尊大，也不能妄自菲薄。在宣传中华优秀文化和历史底蕴时，不应该借此贬低其他文化，比如在部分教材介绍茶文化时，“我更喜欢喝茶，因为我听说喝咖啡对身体不是很好”“茶比咖啡更健康”等表述，在宣传茶文化的同时贬低了咖啡饮品，一方面不符合大多数海外学习者的生活习惯和情感倾向，另一方面也不符合我国开放包容、美美与共的文化倡导，在教材编写中应该避免。[②]

不同教材会根据需要有所侧重地选取以上话语策略进行编写，同时在构建

① 吴平．对外汉语教材与国家形象［C］//全球修辞学会（The Global Rhetoric Society），国际语言传播学会（International Language Communication Society）．第二届国际语言传播学前沿论坛论文集．北京：北京第二外国语学院汉语学院，2013：8.

② 唐琪佳．论国际汉语教材编辑的有所为与有所不为［J］．出版参考，2020（12）：55-57.

国家形象的方位和态度上也存在差异。《博雅汉语》以正向态度为主，但负面态度也呈现较多；《发展汉语》对中国形象构建十分全面立体，内容涉及历史、经济、文体等各个角度[①]；《走遍中国》采取中外合办的合作策略等。

(2)不足之处

编写高质量的对外出版教材内容对于塑造良好的国家形象十分重要，但目前投入使用的部分教材仍然存在构建国家形象层面的问题亟待解决。有些教材内容陈旧，版本更新缓慢，比如《新实用汉语课本》中的文章将短信介绍为中国青年普遍使用的交流方式，而实际上这一方式在中国社会早已不再流行，更不是青年群体常用的互动媒介，这样的内容容易造成学习者对中国社会发展情况的误解。还有一些教材包含负面内容的输出，比如《汉语教程》中在"惭愧"情境下，老师对自身经历的反省体现出无知、固执、缺乏礼貌的特点，抛开不符合实际情况不谈，这样的故事可能使得学习者对于中国人整体形象的印象有所偏颇。[②]

各个对外出版教材的编写团队应该努力规避以上内容问题，及时更新不符合事实的陈旧内容，从而更好地依托汉语教学过程塑造国家形象，传播中华文化。

2.人物形象构建

虚拟人物形象的构建在各类语言教材中屡见不鲜，优秀的人物形象设计可以起到串联话题、丰富内容、增强趣味性、帮助理解等作用，是许多高质量的教材中不可或缺的部分。我国对外出版的教材中，所使用的人物形象应当具备文化内涵和底蕴，符合其文化背景，来自中国的形象要能够展现大国风采。

(1)人物形象构建因素分析

设计人物形象时，应尽量做到多元化。既要有中国人物形象，也要有外籍人物形象，从而给学习者带来一定的代入感和亲切感。目前，多种对外出版的汉语教材在人物多元化方面做得不够到位，外国人物的国籍往往局限于欧美地区，比如《新实用汉语课本》中参与对话的外国形象共有3位，分别来自加拿大、美国和英国。[③]也有些教材采用了亚洲其他国家国籍的角色，但都很少有来自

① 姚子慧.《发展汉语》与《博雅汉语》中的国家形象对比研究[D].北京：北京外国语大学，2021.

② 张小婷.国际汉语教材中的中国文化形象建设研究[D].南昌：江西师范大学，2020.

③ 江宇豪，刘永凤.国际汉语教材中的虚拟人物形象设计对比研究：以《长城汉语》和《新实用汉语课本》为例[J].文教资料，2022(23)：201-207.

非洲的人物形象。人物年龄也可以更加全面,目前的教材还是以青年群体为主要人物。总的来说,教材中整体的人物形象架构还有待完善。

除了教材人物的国籍、年龄、性别等特征外,人物的性格也是至关重要的。汉语学习者会通过教材中的中国人物形象直接形成对中国人乃至中国的群体印象,也会从教材对外籍人物的塑造中间接感受中国编写者的情感倾向。而国际社会尤其是西方社会对中国人的主观认知和真实情况存在较大的偏差,因此,我们既要塑造好中国人物的内在性格,体现我国人民热情善良、包容谦和等优良品质,让世界看到真正的中国人民形象,也要正确、客观、合理地塑造外籍人物的内在性格。一旦确定好了每个形象的性格特征,就要在整套教材中保持一致,稳定、连贯地把这些特征贯彻好,避免出现人物性格的前后跳动。

塑造中国人物形象时,要注意采取策略打破刻板印象和偏见,比如设置爱干净、遵守社会规则的形象来打破对中国人不注重维护公共卫生的刻板印象;教材中的中国人物,既有柔声细语的,也有大嗓门的,要弱化那种认为中国人大声喧哗的刻板印象。[①]还有些教材会将真实存在的中外人物编入教材,包括美国总统、科学家、文体明星等,这些人物穿插在课文、材料等内容中,起到增强趣味性、丰富人物形象等作用,而中国优秀人物的恰当加入,能够利用精英人物的影响力,提升民族形象。[②]

(2)人物形象构建案例说明

经过长期的建设与拓展,朝华出版社围绕"朝华社美猴王"IP,已形成集多语种图书出版、版权输出与国际合作、数字化运营、特色推广活动、文创开发、IP授权运营等于一体的大型融合创新品牌,在海内外业界多领域享有较高知名度,不断打造同行业中的现象级超级IP,满足海外"Z世代"在多种应用场景之下的多元文化需求,开展国际化传播服务。

在此基础上,朝华出版社全面启动"朝华社美猴王"IP运营的"4321"计划。其中,"4"指充实原画图库、官方形象图库、美猴王图库、二创图库四大IP图库,根据不同客户的需求进行定制设计和开发,不断扩充图库容量,为IP产品服务体系建设打下坚实基础;"3"指打造"大圣和孩子们"赛事体系、"美猴王穿越之旅"研学品牌、"美猴王乐园"文娱体验项目三个服务品牌,在国内外举办多种形

① 朱勇,张舒.国际汉语教材中国人物形象自塑研究[J].华文教学与研究,2018(3):24-30+54.

② 朱勇,张舒.国际汉语教材中国人物形象自塑研究[J].华文教学与研究,2018(3):24-30+54.

式的落地活动，以轻松活泼的形式弘扬传播中华文化，打造中国人自己的超级英雄；“2”指完善商业授权、文创产品开发两大常规体系，以面向全球的规范化授权体系和更大力度的文化产品开发销售，加快图书渠道外的多渠道建设和开拓；“1”指构建一个元宇宙生态平台——西游灵境。西游灵境由朝华出版社联合相关单位与社会文化机构共同建设运营，是基于《西游记》故事背景、美猴王IP视觉元素、区块链技术和元宇宙概念开发的沉浸式体验平台。一期建设目标是发展为“朝华社美猴王”IP运营的综合平台，用户可通过该平台了解信息、购买产品、使用服务、参与活动；二期建设目标是聚合更多同类型的数字产品和服务，链接更多数字内容、景区景点、博物馆、城市地区等元宇宙项目，成为海内外用户特别是“Z世代”群体了解中华文化的元宇宙入口及数字产品服务交易的国家级平台。

3.各类教材教学模式

虽然我国教育类对外出版物的主要内容是汉语教学，但基于此目的的教学模式不尽相同。前文中提到的《博雅汉语》《发展汉语》都是比较常见的第二语言通用教材，采用不同主题的课文、课后材料和习题、词汇表等较为传统的教材编写体系；而《听歌学汉语》《唱民歌学汉语》等则是采用音乐与语言教学相融合的方式，让学习者在汉语歌曲的欣赏学习中了解汉语、学习汉语，比起传统内容更具有趣味性和吸引力，对于基础较差的汉语学习者也更容易被接受；《汉语视听说教程——家有儿女》等教材将中国优秀的影视作品改编为课程素材，将汉语学习和影视欣赏相结合，趣味性十足，适合作为辅助教材使用。

音乐类汉语教材也同样会依据不同的适用年龄段和汉语水平有所区别，比如有些教材是专门为外国儿童的汉语启蒙所设计，收录的歌曲为中英双语儿歌。针对年龄稍大的学习者，教材还有不同的音乐类型，包括中文民歌、说唱、流行歌曲等，内容较为丰富。音乐类汉语教材以歌词代替传统体系中的课文，同时也配备有歌曲背景知识、词汇表、习题、DVD等。选录歌曲中的歌词具有较高的语言文化价值[①]，不管是典雅华丽的辞藻，还是口语化的文段，都能让学习者在其中学到丰富的词汇和灵活的用法，也更容易体会汉语声韵和各类写作手法。但这种学习形式往往不够系统化，需要与系统性的教学相辅相成。

影视作品改编的教材选取电影经典片段或者电视剧、情景喜剧的合适剧集，作为练习汉语听力、阅读、口语的材料。这类教材的优点在于，影视作品能

① 张栋.唱歌学汉语类国际汉语教材研究[D].郑州：郑州大学，2018.

够体现中国人民真实的生活面貌，台词往往是地道的、常用的口语汉语，还包含一些独特的生活习惯等，便于汉语学习者更好地理解中国文化和风土人情。在学习过程中，学习者可以通过观看原作品巩固学习成果，使得语言学习更加容易坚持，不那么枯燥。与音乐类教材相同，影视类教材也存在难以系统化等问题，缺少适合作为汉语学习者的辅助材料。

教育类教材带有汉语语言技能传授、文化传播的功能，常与其他类别教材交融。经典的教育类教材对外出版代表案例有人民教育出版社（简称“人教社”）。将国际中文教育图书赋予“讲好中国故事”的使命，是人教社“走出去”工作的与众不同之处。比如，被评为全球优秀国际汉语教材的《快乐汉语》《跟我学汉语》，是人教社与教育部中外语言交流合作中心（原国家汉办）合作编写的国际中文教育图书。10多年来，《快乐汉语》《跟我学汉语》从无到有、从英语版到45个语种版本、从纸质教材到数字教材，多次成为各类国际书展上的亮点、版权贸易的热点和人教社品牌建设的名片。目前，《跟我学汉语》版权输出到了俄罗斯、印度、韩国、印度尼西亚、巴基斯坦等国家，其中《跟我学汉语》（俄语版）荣获中国出版协会国际合作出版工作委员会颁发的第十八届输出版优秀图书，经翻译改编出版后进入俄罗斯国民教育体系。《快乐汉语》版权输出到了韩国、印度尼西亚、亚美尼亚等国家，《快乐汉语》成为首套亚美尼亚语版中文教材。[①]

除去用于教授汉语的语言技能、跨文化交际能力的通用类教材外，我国出版的国际汉语教材还包括很多专用类教材，用于满足某种专业需求，比如商务、体育、旅游等。随着中外交流日益密切，对专用类教材的需求也与日俱增。在不同的专用领域中，商务类汉语教材是出版量、销售量最大的一类，因此本文将以商务类汉语教材为例分析专用类教材的内容架构。

商务类汉语教材大体分为两种编写方式：一种是每篇课文之间没有密切联系，另一种是围绕某一故事主线展开，比如《基础实用商务汉语》就以一个美国商务代表团访问中国的整体行程为主题，对行程中的各个环节和活动展开详细介绍。[②]这类专用教材针对性和实用性强，能够给有专项需求的学习者提供帮助，但是部分教材内容存在涵盖不够全面、中国商务文化知识过少等问题。编写者应当考察商务活动等专项活动的全部过程，力求面面俱到，而且要把握好

① 章红雨. 人民教育出版社版权与对外合作交流部副主任陈霞：让中国教育出版走出去走进去[N]. 中国新闻出版广电报，2022-12-19(T05).

② 管鑫. 商务汉语教材编写现状分析[D]. 广州：广州大学，2021.

商务知识、商务交际、文化交际、日常交际之间的比例，突出重点的同时也注重文化特色，避免学习者在正式应用时出现不必要的误会。

4.新媒体出版内容

新媒体时代，传播走向数字化，伴随着5G等技术的快速发展和应用，我国的教育类对外出版也逐渐出现新的内容和形式。当前，高质量发展成为整个出版业的核心任务，加之生成式人工智能（AIGC）的强劲赋能，未来的教育出版将持续推进内容科技融合，通过“高质量内容产品＋高水平科学技术”不断挖掘行业发展潜能，更好地契合数智融合时代的教育教学需求。较早的音像数字产品是为纸质出版物配备的包含动画、录音等内容的光碟，近年来出版物往往采取更便捷的方式，而在课文和其他材料后附二维码，扫码即可听录音、看译文等。此外，多个有对外业务的出版社都开发了线上资源库或者辅助手机应用软件（APP），为学习者提供在线题库、搜题组题等智能化服务以及情景对话、电子书等内容资源，创造互动式学习机会。除以上提到的纸质出版物的数字辅助产品之外，各大出版社也在积极打造网络出版产品线，在网络平台陆续出版电子教材、课件等教学产品，降低传统的纸质出版成本。

以《新概念汉语（英语版）1》为例，这本由北京语言大学出版社创编出版的汉语教材就配备了丰富的线上资源和智能化的网上互动交流系统，包括课文的动画演示、角色扮演，汉字的各种学习功能，体现中华文化的拓展视频等。[①]相比于传统纸质教材，数字出版内容具有较高的趣味性、互动性，也方便学习者及时自学、复习或自我测评。同时，纸质出版物的再版印刷过程繁杂，不便于内容更新，这也是大量对外纸质出版教材内容问题的症结所在，数字化的出版方式使得内容的更新、完善变得更加容易，成本也更加低廉，对于出版内容质量的提升有很大帮助。

5.教材中的词汇与语法

词汇学习是语言学习的重要部分，也是我国大多对外教育类出版物涉及的内容。在综合类教材中，词汇设置的数目和难度值得考量，过少、过易的词汇会使得教学目标难以达成，阻碍学习者能力的提高；过多、过难的词汇会给学习者带来较重的负担和压力，难以被全部掌握。词汇包括基础的字样、词语和成语

---

① 王静.对外汉语数字化交互式电子教材分析与使用研究：以《新概念汉语（英语版）1》为例[D].济南：山东师范大学，2021.

等，内容涵盖社会生活各个方面的常用字词。

在我国目前的对外出版教材中，如何合理地评定词汇难易程度是值得注意的问题。《汉语教程》是为初学者和基础较弱的学习者编写的教材，但其中出现了许多四字成语，这些词汇对于初级阶段的学生来说是基本使用不到的，远超他们当前可以理解的范围。也有些教材采用了适中难度的词汇作为需要掌握的内容，相对难的词汇作为拓展部分，是较为妥当的编写方法。在注释词汇时，如果采用外文注释，比如《汉语教程》《跟我学汉语》等，应当注意词汇的感情色彩，有些汉语词汇译成的外文词汇与原词存在感情色彩差异，这时就需要进一步解释说明，并配备相应例句便于理解；如果采用汉语注释的方式，比如《发展汉语》，也应该写清楚词汇存在的感情色彩。两种注释方式各有优劣，但用汉语注释更有利于还原词汇本义，也不容易产生译义不准而造成的理解错误。词汇练习题的编写也要采取多种不同形式，减少重复题型带来的枯燥。《跟我学汉语》共涉及含角色扮演等创新题型在内的11种词汇练习方式，具有很强的创新性和趣味性，是词汇习题编写的范本。[①]

语法教学是教材编写的难题之一，因为不同语言存在语法差异，所以在第二语言学习时往往难以掌握其语法规则，而语法的学习又是相对来说比较乏味的。语法的编排要根据使用者的母语进行灵活的变化，使语法教学更具有针对性。《外国人实用汉语语法》是我国早期比较典型的对外出版语法教材，其通俗易懂、学练结合、例句恰当等特点依旧是今天语法教材和综合性教材中在编写语法部分时值得学习和借鉴的。编写语法时，要大胆舍弃不实用的语法项目，协调难度、由浅入深，注重语法规则的实践。

第二节　教育类对外出版体系特征

教育是传播社会文化和传承人类文明的重要方式，也是国与国、民族与民族之间进行文化交流的重要手段。在信息化、知识化的时代境遇下，教育话语是促进人的发展、提升国家竞争力的重要途径，英国、美国等发达国家将教育话语建设作为对外文化出版话语的重要内容。从文化产业发展角度看，教育出版

① 刘继璇.泰国初级汉语教材词汇对比研究：以《汉语教程》与《跟我学汉语》为例[D].焦作：河南理工大学，2022.

市场是全球规模最大、利润最高的出版市场，培生集团、企鹅出版、贝塔斯曼等跨国出版集团都将教育出版作为主营业务并在全球范围内建立了强势教育话语体系。

在对我国教育类对外出版体系内容的探究过程中，会逐渐发现这一体系所具有的特征：发展较快，涵盖内容和形式较全面，有独立出版也有多方合作，尚存在缺陷和不足等。本节将会详细阐述这些特征，还原一个清晰、立体的教育类对外出版体系。

一、发展速度较快

随着“汉语热”在全球不断升温，很多国家和地区的教育机构开设了汉语课程，来华留学生的人数也在逐年攀升。在我国政府的大力推动下，全球已经设立了500多家孔子学院和300多个孔子课堂，并且每年还在增加。同时，外国人学习汉语的热情在不断被激发，对相关教材和学习资料的需求也日益增多。近年来，国内对外汉语教育的出版数量迅速增长，从20世纪80年代的每年几十种迅速发展到现在的每年近千种。[①]

随着中国国际地位的迅速提升，国际社会的汉语学习者越来越多，全世界的学习者在不断创造着对外汉语教育出版新的需求，使对外汉语教育出版具备广阔的发展空间。国际汉语教材的出版迎来了巨大发展机遇。在新的历史机遇期，对外汉语教育出版同样面临数字化带来的机遇和挑战。

国家重视教育类对外出版工作，出台了《国际中文教育用中国文化和国情教学参考框架》《国际中文教育教学资源建设行动计划（2021—2025年）》《“中文＋职业技能”教学资源建设行动计划（2021—2025年）》《国际中文在线教育行动计划（2021—2025年）》《国际中文教育数字资源建设指南（试行）》等文件和计划，为行业发展掌舵。

一方面，具有对外出版能力和业务的出版机构增加，出版物的数量大幅攀升，类型更加丰富。截至2021年6月30日，我国出版国际汉语教材的出版机构已经超过120家，全球范围内已出版的各类国际汉语教材数量超过1万种，部分教材在海外备受推崇、多次再版。如《新实用汉语课本》（北京语言大学出版社）在海内外发行了170多万册，被瑞士苏黎世大学、加拿大多伦多大学、美国斯坦福大学等上千所海外高校作为汉语课程指定教材，成为向海外讲好中国故事的

① 李凯声.对外汉语教育出版数字化转型研究[J].出版发行研究，2016(2):45-49.

有效载体。[1]旅游、文体等专项汉语教材从少到多，类别不断细化，以更好更具有针对性地满足学习者需求。我国编写的国际汉语教材的出版范围也有所扩大，出版所用语言更多样，截至2023年初已采用含英语、法语、日语、韩语、德语等在内的54种媒介语出版。

另一方面，受到新媒体、新技术的影响，我国教育类对外出版物的介质也趋于多样化，更多出版机构利用网站、APP等方式拓展线上资源，迅速向数字化出版方向靠拢。在对我国6家权威出版社书目的调查中发现，1361种教材里有448种明确提及有纸质以外媒介物，占比达到32.9%。[2]除了数量和媒介形式的增加外，出版物的内容质量也在较快发展中。近几年，新的国际汉语教材和已有教材的新版本，越发注重对国家形象的塑造，采用具有时代特色的真实语料，比如微信聊天、网络问诊、线上点餐等，将在我国举办的具有国际影响力的大型活动或赛事融入编写，出版了《冬奥中文100句》等特色教材。[3]国际汉语教材的编写也更加注重体现构建人类命运共同体理念，从材料的选取、教学目标的设定等多个方面将和而不同、尊重文化差异等相关的观念和意识融入汉语教学过程。

此外，为契合不同国家汉语学习者的特点，我国出版的国际汉语教材正在向本土化方向努力，即让当地元素融入教材内容，使教材更加具有当地特色。《体验汉语》在几个不同语种的版本中都有本土化的尝试，比如德语版就将封面换成中德两国标志性照片，教材人物换成中德人物和姓名，大量采用两国名胜古迹、山川风貌、城市建筑、货币、食物等图片，增强教材对德国汉语学习者的亲切感、吸引力。[4]

总的来说，进入新媒体时代，我国的教育类对外出版行业有着良好的发展机遇，国家积极出台相关政策和出版规划进行扶持鼓励，出版机构数量增多，出版内容在数目、种类、质量等方面都有显著的进步和提升，汉语教材越发科学合

---

① 刘悦淼.语言与文化传播视域下的国际汉语教材出版[J].出版广角，2021(13)：89-91.

② 司红霞，冯淋，舒中满.国际中文教材的发展与展望[J].昆明学院学报，2023，45(1)：51-63.

③ 梁宇，邵亦鹏.国际中文教育教学资源发展报告2022[M].北京：北京语言大学出版社，2022.

④ 司红霞，冯淋，舒中满.国际中文教材的发展与展望[J].昆明学院学报，2023，45(1)：51-63.

理,也进一步激发了海外学习者的学习热情。

二、全面对外出版

教育类对外出版体系的全面性包括内容和媒介形式两方面,是我国教育类对外出版行业在发展过程中不断完善更新的成果。当然,这一体系尚未完全满足市场需求,还需要持续性的补充和进步。

1.内容全面

在教育类对外出版行业不断发展的过程中,我国逐步形成了较为完善、全面的内容体系。目前,国际中文教材已涵盖国内外学前教育、基础教育、高等教育、职业教育、社会教育五大教育层次,包括入门、基础、初级、中级、高级等多个级别,包含综合类、专项技能、专项要素、考试类、职业技能、教师培养、文化类等多种教材类型,专用类教材涉及汉语言、商务、科技、医学、旅游、法律、职业、历史、哲学、艺术、政治、外交、公务、航空共14个领域。[①]按照使用者年龄划分,有成人教材,以及分别适用于幼儿、幼小、小学、中小、中学阶段的未成年人教材。从媒介语来看,虽然我国对外出版的汉语教材仍以英语为主要媒介语,但从整体来看已有使用几十种不同媒介语的出版物,其中包含英语、日语、韩语等20余种常用媒介语,在全球多个国家、地区出版。

我国对外出版的汉语教材内容已经能够初步满足第二语言学习者对教材的基本要求,因此可认为其具有全面性。不过,我国教育类对外出版体系仍在不断发展完善,全面性只是相对的,还需要持续的进步,并跟随需求加以补充。

2.全媒体性

新媒体时代,人们越发依赖智能设备和在线资源,教育领域也不例外。我国重视新媒体在教育领域的应用,出台"互联网＋教育"的具体实施计划等,切实要求教学方式的创新。对外出版机构积极响应号召,注重教育类对外出版物在媒介形态上的创新和全面发展,因此我国教育类对外出版体系的全面性还体现为使用媒介的全面多样,即教育类出版物的全媒体性(富媒体性)上。全媒体是指一种具有动画、声音、视频或交互性信息的传播方法,包含流媒体、声音、

---

① 赵晓霞.中文学习:这些教材可以选[N].人民日报海外版,2022-05-13(11);司红霞,冯淋,舒中满.国际中文教材的发展与展望[J].昆明学院学报,2023,45(1):51-63.

Flash等多种形式。

我国以对外汉语教育出版为主要或重点板块，每年有一定数量产品推出，具备一定市场竞争力和知名度的出版社大概只有十多家。该类出版社或背靠高校，拥有丰富的选题资源，如北京语言大学出版社、北京大学出版社；或以大型出版集团为后盾，拥有充足的资金支持，如中国出版集团的商务印书馆、中国教育出版集团的高等教育出版社；或拥有政府背景，出版项目有政府的支持和资助，如中国外文局的华语教学出版社。总的来看，对外汉语教育类出版社在数字化转型的过程中，呈现出以下几方面的特点。

一是对数字出版和数字化转型充分重视。以上出版社普遍具备音像电子产品线，较早接触了数字出版技术，具有一部分数字化的内容储备，对传统出版的数字化转型较为积极，基本形成了与数字生产模式配套的组织架构。

二是得到了国家有关部门、孔子学院等单位以及主管部门的政策、项目和资金支持。仅国家层面的重大科技工程项目就有国家数字复合出版系统工程、数字版权保护技术研发工程、中华字库工程、国家知识资源数据库工程等。

三是积极进行数字化探索，初步形成了数字发展模式。该类出版社密切了解行业动态，通过生产流程调整，积极整合外部开发技术和营销资源，初步建立了数字出版队伍，既推动了传统资源的数字化，也打造了产品开发机制，发展路径清晰有效。

四是数字产品形成了一定的影响。除北京语言大学出版社、高等教育出版社和华侨出版社的数字化产品外，还涌现出外语教学与研究出版社的《汉语900句》，人民教育出版社的《标准中文》《跟我学汉语》，北京大学出版社的《博雅汉语》等产品，对外汉语教育相关出版社纷纷利用数字化技术、远程技术、互动技术和多媒体印刷Multimedia Rrint Peader，(MRP)技术等开展数字出版。

目前的教材出版仍以纸质图书为主，但已经逐渐向全媒体出版形态转变，不仅配备有DVD等出现较早的数字化产品，还在积极发行电子书、有声读物，开拓线上资源库，开发在线教育网站和APP等，让读者能够做到多种学习方式相结合、纸质教材和线上学习的优势相结合。例如，数字化出版产品有为《汉语乐园》配备的互动光盘和网络课件，西南师范大学出版社出版的《易汉语》数字化教材，北京语言大学出版社打造的《新概念汉语》互动多媒体，轻松学汉语APP，快乐汉语APP等。部分产品已取得较好的辅助教学成果。

三、独立出版与中外合作并行

目前,我国编写的国际汉语教材多为独立编写出版,由本土出版社负责从撰稿到审核、编校、印刷、宣传等一系列出版活动。较为成熟的国内出版机构有北京语言大学出版社(国内唯一一家国际汉语教材专业出版社)、北京大学出版社、商务印书馆、人民教育出版社、外语教学与研究出版社、凤凰传媒国际公司、本土企业凤凰出版传媒集团在海外的子公司等。直属于中华人民共和国教育部的中华人民共和国国家汉语国际推广领导小组办公室(简称"国家汉办")是指导国内出版社进行国际汉语教材出版活动的机构之一。有些教材虽然会参考海外相关部门给予的意见,接受其工作上的配合,但总体的出版过程是独立完成的,比如人民教育出版社出版的《快乐汉语》,是国家汉办和英国文化委员会联合推进的出版计划,但从课文编写、美工插图、编辑排版到纸质教材及配套产品的出版、后续的修改更新都是由国内出版社进行的。

优秀的独立出版教材有很多,国外大学使用最广泛的汉语教材《新实用汉语课本》、世界销量第一的汉语教材《汉语会话301句》、规模最大的国家级对外汉语教材《发展汉语》等都是本土出版社的奋斗结晶,也是我国多年来对于对外汉语教学研究的可喜成果。

中外出版社合作出版是我国采取的另一种国际汉语教材出版方式。由于不同国家的国情、教育方式有差异,中外合作能够从两国或多国的不同角度相互补充完善,使得教材更具备本土化特征,更适合本国学习者使用。教育部中外语言交流合作中心等机构为中外出版社合作提供指导和帮助。比较典型的中外合作出版成果是外语教学与研究出版社和英国麦克米伦出版公司合作出版的《走遍中国》系列汉语教材。这套教材内容优质,结合多种媒介,海外销量高,消费者评价好,获得了"外研社国际合作出版最高水准汉语教材"的赞誉。截至2021年,《走遍中国》已出版英语版、德语版、保加利亚语版、俄语版、波兰语版、美国本土版、西班牙语版、亚洲版等不同版本的教材。[①]在英国出版机构的参与下,《走遍中国》更贴近英美学生的学习习惯,更趣味生动。

此外,典型案例还有援南苏丹教育技术合作项目,这是由中国和南苏丹一起打造的教育援外项目。中南出版传媒集团搭建中国一流的编写团队,组织国家顶级教育专家、学者,分批次走进南苏丹政府教育部门,走入南苏丹多所小

① 周天甲,吴长安.国际汉语教材海外推广策略探析[J].出版广角,2021(18):63-65.

学，甚至多次到访朱巴大学，以平等的身份、真诚的态度与南苏丹政府官员、教师、学生共同研讨、相互学习。经过20个月的打磨，在广泛听取南苏丹师生意见的基础上，编制了南苏丹本土化的小学科学、数学、英语教材。2018年6月，中南出版传媒集团精心策划组织了南苏丹新教材的培训活动。教材编写领域顶级的专家、学者和具有不同教学风格的一线优秀教师组成教材培训团，向南苏丹学员传递了中国基础教育的先进理念和思想，展示了中国基础教育教师的高素质，展现了中国基础教育课堂的生动有趣。南苏丹学员感受到了“以学生为主体”的中国课堂教学的活力和魅力。截至2018年8月，129.9万册南苏丹教材抵达南苏丹，这些教材将被25万名教师和学生使用，约占全国人数的10%。南苏丹驻华大使约翰·安德嘉·杜库在援南苏丹教育技术合作项目结项仪式上说，援南苏丹教育技术合作项目既体现了中国在教育发展领域的宝贵经验和发展水平，也密切结合了南苏丹的当地特征和民俗风情，满足了南苏丹政府的殷切期待和南苏丹人民的实际需求。①

四、现有局限与挑战

虽然进入新媒体时代后，我国的教育类对外出版体系发展相当迅速，也获得了喜人的成果和进步；但是不可否认这一体系仍然存在一些缺陷，进入海外市场仍面临挑战。唯有正确认识自身的缺点，及时改进，迎难而上，才能更好地攀升，才能让我国的教育类出版物在海外市场拥有良好的竞争力，从而以其为媒介将中华文化更好地向全球传播。

1.翻译水平有待提高

在第二语言学习中，准确的翻译能给学习者带来很大的帮助，可以减少学习者对第二语言的错误使用和理解偏差。在我国出版的国际汉语教材中，也应当追求翻译的准确合理。然而，目前的很多对外出版教材中仍存在各类翻译问题，比较基础的有翻译错误、翻译缺漏，此外还有使用不当的“多词一译”（即多个汉语词汇对应同一个媒介语翻译）、未标明词语感情色彩等较为隐蔽的缺陷，影响着学习者的进步。习惯用语、流行语等较难翻译的词句需要适当意译，而部分教材的翻译水平不足，导致这些词句被翻译后失去了其原本的意义，或是

① 袁军.中国对外教育援助模式探究：以中南出版传媒集团“援南苏丹教育技术合作项目”为例[J].湖南教育（A版），2019(8)：55-57.

需要用非常长的篇幅翻译很简单的词汇，不易于学习者领会。

使用范围较广的《发展汉语》中就出现了很多“多词一译”的情况，有些是合理的，比如将“讨价还价”和“砍价”都译作“regret”，但也有一些会造成学习者的误解，比如将“往常”和“照例”都译作“as usual”。[①]《快乐汉语》的课后练习题中，把“天天看电影”译为“watch TV everyday”，犯了语法错误，正确的译法应该是“watch TV every day”；某篇课文将“有空”译为“to be free”，但“free”作形容词除“空闲的”意思外还有“自由的”等意思，所以这种译法很容易造成误解。[②]

在句子的翻译中，易出现的问题是语义偏误、过度意译等，虽然有些偏误和意译在以汉语为母语的人群看来，似乎无伤大雅，但对于不懂汉语的学习者来说，一个小的错误也许会造成对汉语学习较为严重的阻碍。而且，在学习者发现教材中的翻译错误时，可能会认为教材编写、校对的人员不负责任，认为教材翻译者的英语（或其他语言）水平较低，从而影响教材的使用者反馈，降低教材竞争力，甚至影响学习者对中国的看法。

所以，翻译问题仍然是我国教育类对外出版教材的一处“硬伤”，培养优质翻译人才，提高教材翻译水平迫在眉睫。

2.教材出版开发不足

国际汉语教材开发不足的情况体现在两方面：一是内容上的，即专用类教材不足；二是形式上的，即以新媒体为载体的教材产品还有很大的开发空间。

内容上，专用类教材不足。据统计，708种教材中专用型教材有121种，占比为17%。[③]可见，大部分对外出版教材仍是通用型教材。通用型教材原本就有比较可观的数目，再加上近年来随着中国对外开放的步伐逐渐加快，对专用型教材的需求日益增加，如果继续按这样的比例进行出版，那么会加剧中国出版的专用型汉语教材供不应求的局面，不利于我国开放进程的加快。对专用型教材、特色教材的开发刻不容缓。

形式上，新媒体教材开发不足。我国教育类对外出版物形式多样，从纸质教材到DVD再到网络资源，较为全面。但是纸质教材占比过大，且大部分其他

① 安玲慧.《发展汉语》中级教材英译同译词研究[D].长春：吉林大学，2022.

② 葛怀瑾.初级对外汉语教材汉英翻译问题研究：以《快乐汉语》为例[D].南昌：江西师范大学，2017.

③ 司红霞，冯淋，舒中满.国际中文教材的发展与展望[J].昆明学院学报，2023，45(1)：51-63.

形式的产品都是纸质教材的辅助产品，真正独立的电子课本、数字教材资源、APP等数量很少。在新技术的飞速发展进程中，互联网早已进入课堂教学、学生自学的方方面面，学生、教师对纸质教材的依赖越来越弱，对在线资源的依赖越来越强，所以我国教育类对外出版还应该在新媒体领域持续深耕，做出更多更好，契合度、便捷性更高的多种媒介融合的国际汉语教材。

3.教材本土化任重道远

国际汉语教材从使用地域角度可划分为两种：一是可供全球所有汉语学习者使用的教材，比如《HSK标准教程》；二是供特定国家或地区、特定语言使用者使用的教材，比如《老挝汉语教程》。后一类教材的本土化是十分重要的，因为不同的国家、种族有着不同的生活习惯、文化背景、宗教信仰、学习习惯等，一味套用中国本土的教材模式是不科学的。例如，在斯里兰卡很少有大型住宅区，大多是平房或低层建筑，学生一般没有“栋”“单元”的概念，斯里兰卡也没有地铁，一些通用教材如《新实用汉语课本》中有关询问地址的内容就会给斯里兰卡学习者造成困惑和压力。[①]对于宗教气氛浓厚、多数人有固定信仰的国家，教材中应该做到尊重当地信仰，尽量避免出现当地宗教中避讳的事物，同时适当添加其特色的风俗、礼仪等内容，以贴近学习者日常生活。

教材本土化还体现在词汇的选取上。对于国别类教材，制订词汇表时，可侧重该国的特色选词。比如，为泰国编写的教材中，涉及水果类词汇时，可优先选择当地盛产的菠萝、香蕉、芒果等；学习职业词汇时，在常见职业的基础上，可以加入在泰国非常热门的导游、酒店相关职业等。[②]

目前，我国对外出版的汉语教材在本土化进程上还有很长的路要走，只有做好教材本土化才能真正做到因材施教，提高特定学习者的学习兴趣，进而提高我国出版的教材在海外的竞争力。

4.内容趣味性效果不佳

趣味性在教材中是十分重要的。语言学习本就是有些枯燥、充满困难的过程，如果教材中全是“填鸭式”的知识灌输，非常不利于学习者坚持，特别是对于目的性不强的汉语爱好者，缺乏趣味性的教材会打消他们的学习积极性。

---

① 杨刚.斯里兰卡汉语教学与推广的现状、问题及前景[J].东南亚南亚研究，2012(4)：65-69+92.

② 唐琪佳.论国际汉语教材编辑的有所为与有所不为[J].出版参考，2020(12)：55-57.

在长时间的教材出版实践中,我国出版机构已经充分意识到趣味性的重要意义,把趣味性作为编写时着重考量的一项指标。但是在实际出版中,趣味性参差不齐,有些教材为增强趣味性添加的元素过于生硬刻板,并没有起到设想中的作用;还有些教材过于重视趣味性,以至于在课程难度和知识量等方面设置不合理,舍本逐末。教材编写应该在保证知识体系科学合理的基础之上在趣味性上下功夫,创造出两者兼备的优质产品。趣味性程度的把控,应该因教材而异,在针对海外儿童学习者打造的汉语教材中,就应该通过增加插图、故事化内容等方式,适当提高趣味性;而在面向汉语水平较高的学习者时,则需要减少不必要的趣味性内容,更突出教材的知识性。

5.海外市场竞争力弱

在亚马逊图书网站国际汉语教材综合排名前一百的榜单中,来自英国、美国的图书共有80余种,而来自中国的图书仅有10余种[①],这直观地体现了我国畅销书不足的现状,反映出我国出版的汉语教材在海外市场缺乏竞争力的问题。在汉语热的浪潮中,国内对外汉语出版近年来出现蜂拥而上的局面,仅在汉语水平考试(HSK)用书方面,除北京语言大学出版社、外语教学与研究出版社等传统出版社以外,还有北京大学出版社、清华大学出版社、世界图书出版公司、南开大学出版社、新世界出版社、华语教学出版社等不断出版HSK类题库、丛书和模拟试卷,此类图书编写简单、收效快,但有不少是在互相摘编。以上文段所提到的缺陷和挑战都是我国教材竞争力不足的原因,概括说来可分为两大方面:一是教材自身质量不够高,与海外学习者真正需要的教材水平还有差距;二是教材不够"适合",即未满足不同国种、语别的学习者群体的不同需求,不适应海外学习者的习惯。而这两点也正是国外出版社出版汉语教材的优势所在。

如何提高竞争力是我国有教育类出版业务的出版机构必须思考的问题。在质量上,配备高水平的翻译团队,加大对数字教材资源的开发力度,国内出版机构相互交流等都是较好的解决措施;在本土化道路上,我国可以积极与海外出版机构开展合作,虚心学习海外优秀汉语教材的优点,并做好受众群体的特点考察;在渠道上,不仅要完善好教材自身,还要重视销售路径和渠道。我国出版的汉语教材在海外市场如果没有畅通的销路,势必会影响其影响力和竞争力,因此各个有条件的出版机构可以在海外设置子机构或分机构,使中国图书

① 俞玮奇,韩进拓.国际中文教育图书的海外出版传播对策研究:基于亚马逊网站图书的统计分析[J].科技与出版,2021(11):34-39.

更多、更直接地进入海外主流市场，通过资本运作的方式参与国际市场竞争。[①]北京语言大学出版社、中国人民大学出版社、外语教学与研究出版社等都已经有过海外分机构的实践，并已取得一定成效。

第三节　教育类对外出版体系模式

在熟悉内容、概括特征的基础上，我们可以探寻出我国教育类对外出版体系的建设模式。本节介绍的模式架构可能并不足以完全概括这一体系的运作方式，但尽可能地包含了目前采用较多的和被证明较为成功的模式，希望对其进一步的发展有所帮助。

一、中外合作，"借船出海"

对教育类对外出版而言，"借船出海"是指借用海外出版社在海外丰富的出版经验和对目标受众的了解，将我国主力编写出版的汉语教材推广到海外市场。而实现"借船出海"的恰当途径，就是中外合作出版，《走遍中国》正是这一模式的成功案例。

《走遍中国》这套教材之前就有过中外合作出版的实践，但并不成熟，双方合作的部分也十分有限，以往中外出版机构在汉语教材方面的合作形式主要为版权输出，即国外首先购买中国出版机构的教材版权，然后根据本国实际需要进行一定程度的改编。[②]而《走遍中国》这套教材，从前期的调研开始就是中英出版机构通力合作，出版的全过程按照国际化标准流程进行，并结合了外语教学与研究出版社对汉语的研究和麦克米伦出版公司经过多年实践对海外市场的深刻理解。[③]当然，合作的顺利展开也离不开国家政策对出版"走出去"的大力支持，以及外语教学与研究出版社为打入海外市场做好的充分准备——成立汉语分社。

① 戚德祥．基于语言与文化传播的国际汉语教材出版研究[J]．科技与出版，2019(6)：13-17.

② 丁安琪．中外合作：汉语教材国际推广的重要途径[J]．国际汉语教学研究，2015(2)：8-10.

③ 杨旭，周舒艺，张芎曼．为什么是《走遍中国》[N]．人民日报，2012-12-17(10).

目前，我国根据实践案例总结出的中外合作模式有以下两种。一是版权合作。我国将汉语教材的版权出售给其他国家，再由当地组织进行本土化改编，为了保证本土化改编的质量，我国有时通过对外投资、开设海外分支机构等方式参与改编过程，确保本土化版本能够快速、高质量地完成。版权合作的实例有：北京语言大学出版社在2015年6月与以色列Sinergia公司签订战略合作协议，共同合作开发希伯来语版汉语教材[①]；外语教学与研究出版社于2019年8月与越南越智出版集团公司签订了《学在中国》汉语教材的海外版权合作协议。二是多方位合作。我国政府和他国政府、出版机构组织开展交流活动，比如派遣经验丰富的教材编写者赴国外协助完成汉语教学大纲，与国际出版商展开合作等；我国出版机构积极在政策引领下完善自身机构，设置专门的汉语部或国际汉语教材编写组等，开展与海外政府、出版机构的合作，《体验汉语》（泰语版）就是在泰国政府、教育部的参与中完成的。海外政府和出版机构不仅在编写前期和中期协助进行调研、内容考量工作，还会在出版后期为教材在海外市场的流通提供帮助。某些情况下，在中外政府部门、出版机构的合作基础上，我国还会邀请国内外优秀的第二语言教材编写专家参与教材的编写过程，达成三方合作。在合作过程中，我国出版业取长补短，充分发挥各方的独特优势。

无论是哪种合作方式，都离不开我国对教育类出版物"走出去"的政策支持。不同的合作方式也并不是完全独立的，在具体的实践过程中可能会综合运用多种方式。

二、精雕细琢，保障品质

《走遍中国》系列教材是我国推出的典型优秀教材，具备对外出版好教材的典型特点：精品出版，质量上乘。这一模式的介绍依旧以《走遍中国》为例。这一系列教材的成功，不仅取决于中外双方采用科学的合作方式，还与其自身各方面的品质息息相关。外语教学与研究出版社和麦克米伦出版公司双方都坚持精品出版原则，追求极高的出版品质，因此打磨了8年之久才最终推出了这套教材。

从外观来看，出版团队对页码、字号等都做出了严格规范，选用了大量精美插图，同一课时内容尽量安排在同一版面，以减少反复翻阅带来的不便；从教学

① 刘悦森.语言与文化传播视域下的国际汉语教材出版[J].出版广角，2021(13)：89-91.

内容来看，出版团队经反复推敲完成大纲定稿，还根据大纲做出样课供团队讨论修改，团队基本满意后将其提供给海外一线教师进行试讲，并根据反馈不断完善，每节课都要经过20次以上的修改和打磨。[①]此外，教材中涉及的每个人物形象也从性别、年龄、性格等方面经过了反复推敲。[②]

三、架构优化，出版赋能

不同的出版机构有不同的工作模式和组织架构，较为理想的一种模式是成立专门负责出版国际汉语教材的部门或工作组，并配备充足的物力、人力资源，再选定业务能力强、经验丰富的编辑作为项目总监，指导教材出版的整个过程，使其科学有序地进行。

教育对外出版是基于多个学科的综合性产物，进行这方面的设计实施不仅需要大量计算机网络技术人才，还需要能够精通对外教育以及出版营销的复合型人才。这类人才除了要具备一定的技术水平之外，还必须能够对对外教育规律以及汉语学习者的学习规律有着深入的了解，需要掌握较高的外语语言水平和出版理论功底。目前，在出版从业队伍当中主要有三类人员，第一类是对外汉语教师以及对外汉语出版的专职编辑，他们大多对于对外汉语教学以及出版有着丰富的经验，但对于现代数字技术和出版规律则了解较少；第二类是具有计算机、软件、信息管理专业背景的技术人才，他们对于新技术都较为敏感，但对于如何将新技术与对外汉语教学规律有效结合则缺乏相应的理论基础；第三类是具有丰富出版营销经验的从业人员，但由于他们对对外汉语教育数字出版缺少知识与经验，难以对这一产品进行充分有效的推广。

编辑在出版过程中发挥着重要的作用，成功的国际汉语教材背后都离不开优秀的编辑队伍。他们不仅需要拥有出色的专业能力、扎实的业务功底，熟悉国家相关的政策和法律法规，还需要保持敏锐的市场洞察力，从而做好教材内容的策划，挖掘自身优势做好内容。[③]编辑也要发挥好引导作用，引领作者用开阔的眼界创作课文材料，涉及的场景、元素应当科学而丰富。一味地趋同、跟风做出的教材并不一定符合市场需求，也可能会因缺乏独特优势而没有在海外市场立足的资本，因此在出版前期做好调研和策划是至关重要的。出版的选题灵

① 周天甲，吴长安.国际汉语教材海外推广策略探析[J].出版广角，2021(18)：63-65.

② 杨旭，周舒艺，张芎曼.为什么是《走遍中国》[N].人民日报，2012-12-17(10).

③ 罗显宁.刍议出版社经营管理中的关键环节[J].现代经济信息，2019(12)：430.

感要适当参考时事，参考党和国家的工作大局[①]，比如可以将"一带一路""2022北京冬奥会"等重要内容编入教材作为课文或拓展材料，甚至可以就某一重大事件单独编写一本特色教材。在作者创作时，编辑要注重和作者的沟通，了解作者的创作思路和意图，以免造成误解。

出版机构在考虑文化内容传播的同时，也必须考虑商业化利润。提高利润的路径有二：压缩成本和提高收益。从成本角度看，出版机构的管理层要做好各环节成本的预测，通过更加细致科学的管理降低不必要的成本投入，财务部门也要做好配合，提升成本管理水平。[②]从收益方面，提高竞争力是增加收益的根本途径，而非盲目抬高定价。事实上，过高的定价反而会使得销量减少，总收益降低，因此需要科学合理地制定销售价格。

宣传部门在出版过程的后期要着重发力，在做好传统宣传的基础上加大新媒体宣传力度，尤其重视社交媒体这一新兴的宣传平台，将教材的特色和丰富的配套线上资源在这里展示出来，吸引汉语学习者的广泛关注。出版机构应当重视和海外线上线下销售渠道的联动，通过开展线下书展、线上推广等活动，扩大影响力。

四、全媒体化，并行发展

国际汉语教材的全媒体化趋势不可阻挡，因此整个出版过程已经不再是传统的单一线性出版模式，而是全面多元、多线并行的出版模式。

前期调研时，不仅要调查不同类型、不同内容纸质教材的销量和使用反馈，还要关注电子书、配套网课、在线资源的学习情况，以及社交媒体平台上汉语学习者对于汉语教材需求的表达。编写过程中，不同媒介的编写组互相配合。一般以纸质教材编写团队为主，该团队完成一部分后由新媒体工作人员将这些内容呈现为电子版，并对其中某些内容加以优化或适应性改造。同时，相应网站或APP的开发人员也在进行工作，搭建好基本架构后配合纸质内容制作在线资源，逐步丰富线上内容。后期宣传推广工作中，线下推广、线上宣传双线并行。

多元的出版过程带来多元的人才需求，过去只有纸质教材时编写教材的人

---

① 何军民，刘洪权．抓好四大关键环节，打造主题出版精品：以长篇历史小说《觉醒年代》为中心的考察[J]．出版发行研究，2022(12)：47-51+99.

② 罗显宁．刍议出版社经营管理中的关键环节[J]．现代经济信息，2019(12)：430.

员只需要经验丰富的教师、美工、教育专家等，而当下还需要大量的技术人才，筹备进行新媒体平台教材的出版工作。对能够熟练进行在线资源制作整合、社交媒体运营、数据抓取等工作的新型人才的聘请，也是各个出版机构必须重视的。

概括来说，我国教育类对外出版是在政府、出版机构、编写人员等多方面的共同努力下进行的。政府相关部门会制定科学合理的教育类出版物出版计划和指南，为出版机构指明方向；同时，政府还会积极推进中外合作项目，推动我国教育类出版物“走出去”。出版机构响应政府号召，做好市场调研，组织优秀的教育工作者、教材编写者、技术人才等组成编写团队，在多个媒介平台进行产品创作，保证内容质量，进行成本管理，后期加大各渠道宣传力度；在组织架构上，开拓对外出版教材专门的工作组，或是在海外建立分支机构，畅通销路。

麦格劳-希尔集团(McGraw-Hi)的CEO哈罗德·麦格劳曾指出“数字化也许是这个世纪最大的机遇”。当前我国数字化的技术浪潮不仅为教育类对外出版提供了全新的发展空间，而且深刻改变了教育类对外出版产业的发展方式。由于我国对外出版业在改革与发展过程中存在若干矛盾性因素，因此当前在实际发展过程中，我国对外汉语教育数字出版业仍面临一些瓶颈性问题亟待破解。

第四章　大众类对外出版体系建设模式

美国的大众出版业引领全球，其大众出版的份额占比最高。对多数国家而言，大众出版是占比最高、增速最快的业务，也是出版业的压舱石。大众出版作为受众最广的出版领域，其内容的选择和匹配度是国际传播的关键所在，创新大众出版的国际传播路径也是展现中华文化温润和谐的关键入口。[①]研究大众类对外出版体系建设模式，需要明确这一出版体系的内容、特征和模式。

第一节　大众类对外出版体系内容

大众类对外出版物的外延非常广阔。从媒介载体与形式上看，其既包含了图书、报纸、期刊等传统印刷出版物，也包含了游戏、影视、动漫等运用多媒体技术的数字出版物。大众类对外出版物因为读者分布广泛，所以涵盖的内容也最为丰富，本节主要介绍虚构类文学作品、非虚构类作品、青少年儿童书籍三种。

一、虚构类文学作品

虚构类文学作品在大众类对外出版中占据重要地位。近年来，中国网络文学出海日益火爆。产生于数字时代的网络文学天然具备强大的传播能力，又因其具备较强的娱乐性和商业性受到海外读者欢迎。在传统文学门类中，中国古典文学正在寻找新的跨文化传播模式，而现当代文学作品也在国际文学大奖上

① 孙玮.大众出版国际传播创新路径探析[J].科技与出版，2021(11):40-45.

频频崭露头角，这有助于海外读者了解中国的社会历史和人民生活。

1.网络文学

网络文学在大众类对外出版体系中占有独特而重要的位置。中国网络文学伴随互联网而生，在短短20多年里急速发展，成为重要的文化景观和产业。早在2004年，起点中文网就开始尝试将网络文学翻译出海。

艾瑞咨询发布的《2021年中国网络文学出海报告》显示，网文出海的1.0时代以单纯售卖版权为商业模式，2.0时代则注重国内网络文学商业模式的海外移植，建立了以阅读、付费、创作、交流为一体的综合门户网站，外译作品的种类逐渐丰富化、规模化。随着网络文学出海进入3.0时代，海外创作者已经成为网络文学的新生力量。《2023年中国网络文学发展研究报告》基于阅文集团的数据和行业调研资料，归纳出网络文学国际化的四个主要发展方向：一是人工智能翻译技术的应用使得网络文学作品能够快速实现海外发布；二是全球范围内的共同创作推动了海外网络文学的规模化增长；三是通过社交媒体平台的共读活动，优秀的网络文学作品成为文化交流的桥梁；四是通过产业间的融合协作，构建起具有全球影响力的知识产权生态系统。中国网络文学走出去已经进入“IP全球共创”的时代，从售卖原作版权到自主翻译出海，从寻找海外网站代理到自主建设网络文学海外门户，中国网络文学出海的产业链不断增长，也越来越精细化。

目前，海外网络文学作品的内容题材分区已经高达十多个大类，一百多个小类，都市生活、游戏竞技、奇幻、科幻成为最火爆的题材内容。网络文学以众多“逆袭复仇”等桥段迎合受众的心理需求和幻想，男频小说中以奇幻、末世、灵异、惊悚为题材的小说满足了读者的猎奇心理，女频小说中的“霸总”网文则满足了部分女性受众对于浪漫关系的幻想。在网络文学出海的过程中，夹杂其中的中国元素和中国文化也一并获得广泛传播，以仙侠、修真为代表的东方玄幻就蕴含着中国传统道家文化里的观念和元素。

总的来说，网络文学对于中国国家形象的建构往往过于偏狭，商业模式运作下的网络文学容易流于低俗、猎奇，虽然AI技术大大提高了网络文学出海的规模和效率，但是高质量的原创作品、接地气的跨文化翻译人员仍在产业中占据重要地位。另外，网络文学已经成为影视、动漫改编的重要来源，《甄嬛传》《琅琊榜》等古装玄幻题材影视剧往往在海外受到欢迎，优质IP的全域开发是激活产业的关键。

2.传统文学

中国传统文学作品以新文化运动为界分为古典文学和现当代文学。

古典文学外译作品的读者大部分是海外学者、汉学家，但近年来中国出版机构也在努力将读者圈扩大到普通大众。实证研究指出，《西游记》是四大名著海外传播过程中热度最高、最火爆的作品，《三国演义》和《红楼梦》次之，但在国内，《红楼梦》却是为大众基本公认的四大名著之首，四部作品的海内外影响力存在显著差异。一方面，《西游记》因神魔冒险、英雄主义等因素获得了广泛喜爱，在影视剧创作改编中得到进一步广泛传播；《三国演义》在亚洲文化圈影响广泛，日本、韩国、朝鲜、泰国等国爱好者多、接受程度高、理解深刻，是译介形式最为丰富、传播媒介运用最为成功的一部中国古典小说[①]，东亚文化圈对《三国演义》的研究水平很高，除多种多样的译本外，还有多如牛毛的读本、游戏、影视、畅销书。另一方面，国内四大名著"榜首"《红楼梦》却因为文化语境的跨度太大难以准确走入国外大众的心中。对于古典文学的对外传播，姜智慧在其论文《文学图像化语境下中华戏曲典籍对外出版与传播——以昆曲典籍〈牡丹亭〉为例》中指出，中国戏曲典籍要从海外学术圈走向大众阅读的视野，关键在于视觉性表达，单纯的文本表达已经不适应视觉文化时代下大众的媒介接受习惯。[②]古典文学海外传播的媒介融合势在必行，数字技术和视听表达应受到重视。

现当代文学在大众类对外出版体系中非常重要。《中国文学》(*Chinese Literature*)是新中国第一份外译官方刊物，于1951年创刊，2001年停刊，这份刊物为中国文学对外传播提供了宝贵的历史经验，即要重视优秀人才和文学传播规律。2012年，莫言获得诺贝尔文学奖；2014年，阎连科赢得了著名的卡夫卡文学奖，同年，余华的作品《活着》获得了意大利的朱塞佩·阿切尔比国际文学奖；2015年，刘慈欣凭借其科幻巨作《三体》摘得了备受瞩目的雨果奖；此外，麦家的小说《解密》和姜戎的《狼图腾》等作品也在国际市场上取得了显著的销售成绩。根据2023年发布的《中国图书海外馆藏影响力研究报告》，2023年有8种图书的海外馆藏数量超过了30家。从这些图书的内容类别来看，大部分属于中国当

① 陈甜.古典文学的海外传播及启示：以《三国演义》为例[J].社会科学家，2017(9)：145-148.

② 姜智慧.文学图像化语境下中华戏曲典籍对外出版与传播：以昆曲典籍《牡丹亭》为例[J].中国出版，2020(1)：63-67.

代文学作品。这一数据反映出，在国际市场中，中国当代文学作品仍然是最具影响力的图书类别。在以“阅读中国”为主题的第十四届全球海外华文书店中国图书春节联展活动中，全球41个国家和地区的100家华文书店为中国现当代文学作品进行了宣传和推广，莫言、余华、刘震云、阿来等当代小说家的作品因为反映了普通百姓生活和中国时代变迁，具备年代感和深度，受到读者欢迎。

二、非虚构类作品

非虚构类作品在对外出版中占据不可替代的作用。优秀的非虚构类作品能够展现真实的、鲜活的中国形象，在对外宣传工作中起到澄清谬误、弘扬正气的作用。

大众类对外出版体系下的非虚构作品以主题出版为核心，但不仅仅局限于政治宣传、理论解读。归根结底，主题出版也在向大众出版靠拢，其选题范围和表现形式不拘一格、不断丰富，主题出版在追求大众出版的“畅销”，而大众出版也力求立得正、站得高，为展示中国形象、中华优秀文化作出贡献。同时，学术出版、大众出版、主题出版也在对外出版体系中呈现一定的合流趋势，以学术的要求，用大众的文风，表达真实的中国，是非虚构类作品的应有之义。中国制度、中国故事、中国景观是其中的主要内容。

1.中国制度

中国制度论述的是中国的立国之根、执政之法、治国之基，主要介绍和探讨中国特色社会主义制度的发展历程、理论基础和实践成果，以使国际读者更好地理解中国的政治运作和社会治理模式。新中国成立以来，非虚构作品的出版受到不同寻常的重视。1949年10月，毛泽东同志著作《论人民民主专政》是新中国对外出版史上第一本非虚构类作品，其出版有着增强国家话语权的重要意义。在大众出版、对外出版的交叉地带，主题出版占据核心位置。国家新闻出版署对其概念的界定具有一定的代表性，认为主题出版是出版机构围绕国家政治、经济、社会、文化等方面的工作大局，就党和国家发生的一些重大事件、重大活动、重大题材、重大理论问题等主题而进行的选题策划和出版活动。[①]主题出版在立意上高屋建瓴，但叙述方式和选题切口却可大可小。除了理论读物和党政图书外，出版物若聚焦于传承和弘扬中华优秀传统文化，展现中国尖端科技

① 韩建明，等.高度与温度：主题出版研究导论[M].北京：人民邮电出版社，2023.

文化，阐释国家意志、社会现状及国家的治理策略和政策，同样被纳入主题出版的范畴。

一个典型案例是国家主席习近平的相关著作，包括语录、传记、论著等。《习近平谈治国理政》一书，作为习近平新时代中国特色社会主义思想的集大成者，在全球范围内发布多语言版本，有助于向世界各国介绍中国的发展模式、经验与路径。该书的国际发行量、读者覆盖范围以及所产生的影响，均达到了自改革开放以来中国国家领导人作品在全球传播的最高峰。截至2024年1月30日，《习近平谈治国理政》第四卷法、俄、阿、西、葡、德、日等外文版于2023年6月正式出版后，又与20家外国出版机构签约，共同翻译出版。《习近平谈治国理政》这套书的编辑用力之深、传播范围之广、覆盖语种之多、宣传之多属于独一档。习近平主席著作的对外出版发行及海外热销，开辟了系统阐释和对外传播新时代中国发展理念、发展道路和治国理政方略的新境界。

此外，“中国关键词”“中国共产党为什么能”“如何看中国”等一系列丛书在国际合作出版方面的成果也非常显著。

2.中国故事

对外出版话语体系的灵魂是中华文化的核心价值，这是对外传播的基本内涵。中华文化植根于东方大地，融入了东方智慧，历经了几千年，吸收了各种文化要素，最终形成了兼容并蓄、多样统一、绵延不绝的文化体系，其中的价值观念、审美情趣和思维方式是对外传播的核心。

中华文化强调的是人文主义精神，注重和谐与中庸，包容性是其精髓。如今的世界已经进入全球化时代，任何民族和文化都很难脱离其他的文化而孤立存在、独自发展。多元、共存已经成为世界各个民族共同的心声。在世界向着多元化发展的今天，讲求两极对立的西方文化受到质疑，而这正是中华文化对外传播的良机。以中华文化的核心价值为对外出版话语体系的灵魂，对外出版话语体系才能够显现出强大的生命力。

中国在改革开放短短几十年间取得了巨大成就，当今中国在经济、技术、政治等方面成功的“秘诀”对于发展中国家的读者有一定吸引力，而对外出版也正在寻求以国际视野解读中国故事、中国经验。中国故事与中国制度在精神上一脉相承，只是中国故事在内容上切口更小，纯理论内容占比小而故事占比大。

大众生活类读物主要面向普通民众，贴近日常、通俗易懂、真切朴实，以生活视角和生活话语书写中国的发展进步，从生活点滴细微处入手，聚焦身边事、情系普通人，体现“烟火气”与“人情味”，有助于提升受众对抽象政治理念和话语的认同度。[①]例如，《一粒种子改变世界：袁隆平传》（英文版）、《我不见外：老潘的中国来信》、《泉州传：海上丝绸之路起点》等书，或展现立体可亲的杰出人物，或以外国人家书看中国，让读者备感亲切，或以细腻生动的笔触展现一座城市穿越古今的魅力。

中国故事也可以通过视频呈现，以纪录片、短视频形成讲述的中国故事已经有很多取得了良好效果。例如，2021年中国外文局组建“第三只眼看中国”扶贫专题报道团队，记录外籍主持人深入中国基层的过程，讲述中国各领域改革发展、各城市百姓生活的故事，将其以短视频形式推出。《航拍中国》《与全世界做生意》《我是中国的孩子》《瓷路》《国宝档案》等国产纪录片的出海均取得了一定成效，纪录片在深度和广度上并不输于图书产品。

3. 中国景观

长期以来，西方媒体在有意识地误读中国，这种误读在视觉上表现为以污名化为目的的抓拍、解读和阐释。要展现中国友好、自信、文明的真实形象，需要展现中国真实的风土人情，即中国景观。

在2023年北京国际图书博览会上，中国画报出版社举办了“大美中国”书系——《这里是中国》（英文版）及“古韵名物”系列、“手绘城市名物”系列的新书推介活动，吸引了众多中外参展商驻足。“大美中国”已经策划推出5个系列、27个品种，通过摄影和手绘作品，向读者展示“大美中国”。[②]

早在2019年德国法兰克福书展期间，《上海名物》一书英文版即签署了海外合作出版协议，《上海名物》《北京名物》的意大利文版也已于2021年在意大利出版，目前印地文版和阿拉伯文版已经与外方签订合作协议，将陆续在海外落地出版。《杭州名物》和《成都名物》则计划作为杭州亚运会和成都世界大学生夏季运动会的外宣品。城市、乡村、自然和文化景观的交织呈现是这部分对外出版物的主要表达形式，同时2020年前后李子柒创作的乡村视频在国外平台大火，从中不难看出，中国景观在对外出版、传播上具有巨大潜力。

中华优秀传统文化是中国对外出版的资源宝库，医药、美食、典籍、文物、民

① 池步云，王怡霖. 中国式现代化理念对外出版话语体系建构的逻辑理路与实践进路：基于共情传播理论视角[J]. 科技与出版，2023(7)：32-39.

② 中国外文局. IP合作、数字版权……中国主题图书出海跑出“加速度”[EB/OL]. (2023-07-06)[2024-09-26]. www.cicg.org.cn/m/2023-07/06/contene_42435914.html.

俗传统、艺术作品等内容，也一直以来在大众类对外出版体系中长盛不衰。近年来，文化艺术类对外出版作品正在向纵深发展，对中华文明的深度阐释成为重中之重。随着国内学术界以全球化视角和文明史视角对中华文明的定位和研究，中华文化正在对外大众出版话语体系中得到深化。

三、青少年儿童书籍

在对外出版的过程中，有时过分强调宣传色彩可能会引起海外读者的反感。为了促进跨文化的交流与理解，应当致力于发掘那些超越国界、地域和民族界限的普遍价值观念。在这种文化交流中，寻找共同的情感纽带至关重要。针对青少年和儿童的图书，由于需要考虑他们的认知水平，往往更倾向于传递最基本和普遍的价值观。“以童书沟通童心”正是一个有效策略。童书不仅能够讲述引人入胜的中国故事，还能通过关注生活中的趣味以及对亲情和友情的描绘，触及读者内心，展现具有普遍吸引力的文化价值。

近年来，中国儿童文学作品的翻译和输出数量逐年增加，覆盖的国家和地区不断扩大。2016年，中国儿童文学作家曹文轩获得儿童文学领域的最高荣誉国际安徒生奖。这些都体现出中国儿童文学在国际舞台上日益增强的影响力。中国也在设立国际化童书奖项，如陈伯吹国际儿童文学奖，面向世界范围征稿，为海内外杰出的儿童文学作家和作品授奖。此举显示出中国儿童文学与全球评价体系接轨、在世界范围内争取儿童文学评价话语权的远景和志向。[①]

国内的原创童书市场虽呈现出品种丰富、数量众多的特点，却没有多少能够真正脱颖而出形成像迪士尼那样有全球影响力的优秀IP资源。我国原创童书的竞争力还不高，规模与欧美国家相比也有差距。

第二节 大众类对外出版体系特征

大众出版是对外出版的重要内容，大众类对外出版物往往有着最为广泛的阅读群体，能够产生深刻和广泛的文化影响力。改革开放以来，中国的经济实力、社会发展等发生了深刻变化，中国文化的世界影响力也在不断增强，世界各

---

① 李俊程.少儿出版视域下的“陈伯吹国际儿童文学奖”品牌传播研究[D].上海：华东师范大学，2023.

国都对中国产生了浓厚兴趣，但是我国大众类对外出版还不能很好地传播中国经济社会发展状况以及中华传统文化精神。所以，应当将大众出版话语作为中华文化对外出版话语体系建设的重要内容，构建面向人类命运共同体的大众出版话语体系。比如，应当以“润物细无声”的方式渗透中国话语，将中国文化、中国价值融入通俗易懂的大众出版物之中。此外，应当通过多种方式扶持中国大众出版“走出去”，构建在国际舞台上有广泛影响力的中国话语体系。近年来，国家出台了相关文化“走出去”扶持政策，加大了对文化“走出去”的税收、财政等支持力度。

大众类对外出版体系的特征既包含出版行业的普遍特征，也包含不同于学术出版、教育出版的特殊属性。此外，由于对外出版跨文化、跨地域的特点，大众类对外出版体系还面临独特的挑战。

一、出版产品多元化，媒体矩阵立体化

在当今信息时代，媒介融合发展已经成为文化传媒产业的必然发展趋势。以图文为基本媒介的图书是传统出版业的“家底”，以此为基础开发多元化、多样态的媒介产品已经成为出版业延长产业价值链、增强文化传播力的重要引擎。例如，一个优质的文学IP有着巨大价值，其实体书往往是书店盈利的重要抓手，同时由基本内容改编而来的影视动漫、网络游戏、文创联名也具备很高的市场价值。随着科技的进步，数字产品如电子书、视频、互动多媒体产品、动漫和网络游戏等，以其便捷性、互动性和多样性，逐渐成为出版市场的新宠。

出版物正不可避免地朝着多模态话语的方向演化。对外出版是跨文化、跨语种的传播，中国与各个国家之间有着不同的文化，在信息的编码、解码过程中，视觉化表达规避了不同语种带来的阅读障碍，降低了阅读门槛，比文字更有触动性，也能更准确地传达信息。深奥难懂、语言晦涩的典籍能够借多模态出版走入海外市场，走进读者心中。例如，我国蒙古史诗《格斯尔汗》文化深奥，不容易在海外文化语境中得到理解，但在韩国被改编成网络游戏后却受到热捧。2012年，贵州民族出版社出版苗、汉、英三语版《苗族史诗》，为了减轻史诗文本的枯燥难读，书中采用了大量插图，包括66幅与史诗文化相关的彩图和100多张黑白绘图。图片为跨文化阅读者提供了想象的“脚手架”，苗族古歌文本和插图使得史诗的感染力大大增强，读者在阅读时仿佛也亲历了苗族人民开天辟

地、筚路蓝缕的史诗情境。

除了传统图书，对外出版中的数字文化产品也表现亮眼。2021年，我国数字出版物（不含游戏）出口金额达到5631.4万美元，首次超过传统出版物的出口金额。[①]数字出版产品已经成为中华文化对外传播的重要载体。《万国觉醒》《原神》《阴阳师》等游戏在海外成绩不俗，以中国古代历史人物为底本的游戏角色形象得到了海外受众的喜爱。携带传统节日、曲艺美术、古典建筑等诸多中华文化符号和元素的国产游戏，既传播了中华文化，又借此建立起了独特的产品风格和市场竞争力。当前，聚合中国优秀数字出版资源的外向型数字平台越来越多，在我国数字出版产品"走出去"进程中发挥着重要作用。例如，中国电子书库（China E—Book Hub）聚合海量优质数字内容资源，打造成体系的数据库产品，面向全球的海外机构客户和个人读者，注重在"一国一策"理念下有针对性地定制产品。此外，中国图书进出口（集团）总公司还与多家国际龙头数字资源销售商达成合作，并与全球前四大电子书零售平台亚马逊、谷歌、苹果、KOBO同时签约，与OverDrive、Bolinda等国际机构的合作打通了海外营销渠道。[②]

在融媒体背景下，文化产品的对外传播注重系统性和立体性，跨超媒体叙事增强了传播效果。"超媒体叙事"的概念不仅仅是多个媒体功能简单相加，或者相同信息在不同平台之间的复制转换，它的提出者亨利·詹金斯认为，超媒体叙事是基于当下媒体融合的趋势，将叙事内容系统地散布于多个媒体平台，每个媒体平台都在传播信息中承担独一无二的作用。[③]例如，追光动画效仿"漫威宇宙"的叙事策略，推出"新传说""新神榜""新文化"三大系列，以中华传统文化为核心构建"元叙事"。跨媒体增生遵循着"文本—颠覆—故事—世界"的发展路径，丰富故事内核，形成故事世界，各个故事既可以独自叙事，又可以通过集合带来集群效应。[④]

① 2021年新闻出版产业分析报告[EB/OL].(2023-02-22)[2024-01-02].https://www.nppa.gov.cn/xxgk/fdzdgknr/tjxx/202305/P020230530667517704140.pdf.

② 陈丹，郑泽钒.中国数字出版产品"走出去"：现状、挑战与对策[J].科技与出版，2021(11):13-22.

③ 匡霞，杨扬.超媒体叙事下大众出版融合发展策略研究[J].出版发行研究，2019(1):25-27+34.

④ 王奥.国际传播视角下中国故事的跨媒体叙事研究[D].天津：天津体育学院，2021.

二、海外市场均衡化，对外出版精细化

中国对外出版的市场结构日趋均衡。过去，中国重视对欧美市场的输出，随着“一带一路”倡议的提出，中国开始重视与“一带一路”沿线国家、发展中国家的文化交流，出台了一系列出版“走出去”的扶持政策，实施效果明显。2018年统计数据显示，我国版权输出对象中，美国仍然是最大的客户源头，占比8.39%，除此之外韩国、英国、德国、日本等7个发达国家及俄罗斯一共占据了27.26%的市场，港澳台地区占比18.48%，其他国家占比45.88%。[①]中国新闻出版研究院发布的《“一带一路”国际出版合作发展报告》(第四卷)显示，2016—2021年，我国与“一带一路”沿线国家签订版权贸易协定增幅达167%，合作基础已经牢固，并沿着提质增效的轨道稳步前进。对外出版市场的结构调整对应出版行业的分化，小语种出版物受到重视。例如，《平凡的世界》是北京出版集团近年来“走出去”的重点图书，至今版权已输出马来文、塞尔维亚文等8个语种，已出版阿拉伯文、马来文、塞尔维亚文、韩文等外文版，在海外引起广泛关注。[②]

大众类对外出版走入精耕细作期。一是在内容结构上不断优化。主题出版在门类和结构上均有所突破，领导人著作既有《习近平谈治国理政》这样的大部头，也有《平易近人——习近平的语言力量》这样小切口、亲和力强的著作。在对中华文明、中国道路的阐释中，《历史的轨迹：中国共产党为什么能？》《中华文明史》等图书突破了理论宣讲的窠臼，尝试寻找历史和文明的内因。中华文化走出去，早年间依赖中医、武术、服饰等传统品类，而“大飞机出版工程”系统则对外展示了中国的高新技术，及时对外更新了一个蓬勃发展的中国国家形象。[③]二是注重“一国一策”的分众化精准输出。北京语言大学范军教授指出，在“亚洲经典著作互译计划”这一出版工程实施过程中有许多困难，大多数亚洲国家仍属于发展中国家，经济落后导致有些国家对项目的实施能力不足，文化背景和意识形态方面的差异需要不断沟通，更有一些国家民族宗教矛盾尖锐、

① 杜大力，赵玉山，邢自兴.从大数据看新中国70年出版成就与发展历程[N].中国新闻出版广电报，2019-09-30.

② 渠竞帆.中国图书“走出去”的故事[N].中国出版传媒商报，2023-06-09(07).

③ 息慧娇.十八大以来中国出版业“走出去”概况[J].科技与出版，2019(2):67-71.

社会环境错综复杂，不时发生争端冲突。这些困难和障碍不是坐在家里“纸上谈兵”就能解决，许多需要亲赴对方国家进行现场协调谈判。[①]另有研究指出，在非洲许多地区，民众接触图书和互联网的机会不多，而是更依赖广播等传播媒介。在全球化视角下的对外出版亟须以“一国一策”甚至“一人一策”的方式进行渠道疏通和供给侧改革。这些工作虽然还在起步期，但已经得到政府和学界层面的认可。

三、与教育出版、学术出版部分合流

在媒介融合、技术融合、学科融合的背景下，大众出版可以用大众传播理论解释，而教育出版、学术出版则可以分别依托教育学理论和图书馆管理、情报档案管理理论进行研究。对外出版中大众类、教育类、学术类出现合流的原因，一是数字技术对人类产业无所不在的变更，即使是大众类出版也需要建设数据库，以应对大众日益增长的服务需求；二是大众知识水平的提高，汉语教育在海外流行，学习圈层日益扩大，除了娱乐图书，文风畅达、趣味性强的部分学术书籍也已经成为畅销书。例如，印尼文版《人口大国的希望》《中国梦与中国道路》《论大国农业转型》《2050：中国的低碳经济转型》四本书都是学术专著，也是主题图书，且部头大、字数多。这些学术图书虽在国内市场份额不大，却能在印度尼西亚得到读者和专家的关切和青睐。[②]究其原因，海外大众图书市场，特别是实用类图书的本土化倾向强烈，中外文化差异使得一部分图书难以进入国外主流市场，但海外大众渴望了解中国文明和中华文化，许多民族特色突出的社科类主题图书因此畅销。

四、现有局限与挑战

虽然我国的大众类对外出版已经取得了长足的进步，但在营销渠道、品牌建设上还有许多不足，大众类对外出版体系对政策扶持依赖性较强，在出版企业可持续发展和文化传播的实际效果上，仍然缺乏有效的评估机制。

---

① 范军，刘钊．亚洲经典著作互译计划：战略意义与实施路径[J].中国出版，2022(20)：28-32.

② 高靖，张子骞．国际出版界为何如此青睐中国学术图书？[N].中新社新媒体平台，2022-12-08.

1.多维营销渠道缺乏,政策扶持依赖较强

目前,除欧美国家外,我国大众类对外出版的市场覆盖了大部分的“一带一路”沿线国家,除英文、阿拉伯文、法文、俄文和西班牙文等主流语种外,小语种对外出版也得到重视,但中国仅仅是打开了“一带一路”市场,在对外出版工作上,仍然存在许多空白。

国外本土的营销资源可以分为线上数字资源、线下实体资源,线上数字资源由国家或公有媒体、主流商业媒体和高质量自媒体组成,线下实体资源包含了实体书店乃至博物馆、展览馆等文化交流平台。例如,中国在对外出版的过程中,在不少“一带一路”沿线国家建立了书店销售渠道,其营销成果也比较可观。但我国仍然缺乏多维立体的在地营销渠道。一方面,我国对于“一带一路”沿线国家的主流大众媒体和社交媒体了解并不充分,还未深入本土市场;另一方面,我国缺乏独立、强大的海外出版分支部门,缺乏专门的翻译、经营人才队伍,南亚、西亚及中亚的许多国家对我国文化的认知仍然有许多空缺。

我国的对外出版传播主要依托国家项目的持续性实施,对政策扶持的依赖性非常强。例如,在“中国图书对外推广计划”中,据统计,2007—2020年,共有136种中国原创儿童绘本输出到海外版权市场。其中,有30种绘本是通过该计划“走出去”的,而独立于项目支持之外,自主实现版权输出的原创儿童绘本仅有6种,占比为4.41%,不到总数的1/5。①

2.海外品牌建设任重道远,绩效评估机制缺乏

借助外方资源进行图书营销、广告投放和搭建文化交流平台虽然便捷有效,却不利于我国在对外出版中打造有影响力的自主品牌。从“借船出海”到“造船出海”,出版资本要从并购中继承、转化外国企业的品牌资源,仍然风险重重。2014年,美国出版国际有限公司(PIL)的童书业务及其位于德国、法国、英国、墨西哥、澳大利亚等海外子公司的全部股权和资产被中国出版公司江苏凤凰出版传媒集团有限公司(简称“凤凰传媒”)收购。通过这一收购行为,凤凰传媒在全球电子有声童书这一业务上实现了强势的全球市场介入和市场布局。研究表明,凤凰传媒实施并购后,企业的市场占有率和品牌知名度得到了较大提升。但凤凰传媒在国际地位和国际出版环节的攀升主要依靠收购获取PIL的攀升核心动力,收购后集团将主要精力放在本土化运营上,虽然能够借收购

① 刘扬帆.中国原创儿童绘本走出去研究[D].长沙:湖南师范大学,2021.

资源反哺自身品牌建设，但出版品牌建设和国际化运营经验较为缺乏。[①]

目前，各类对外出版项目、工程和企业活动方兴未艾，但还没有建立对外出版乃至国际传播的评估机制。宏观上，学者潘文年着眼于对外出版中的政治风险、经济风险、文化风险，以制度经济学、“软实力”等理论研究政策对于对外出版的影响，在四川大学智晓婷、何怡婷《出版产业对外贸易政策演进与绩效评估——基于政府规制视角的分析》一文中，绩效评估亦受评估政策影响；微观上，评估图书翻译效果的文章倒是比较多。研究出版企业可持续性发展、对外出版文化传播效果的实证性文章还比较缺乏，连接起宏观政策和微观效果的中观研究也比较缺乏。

第三节　大众类对外出版体系模式

大众类对外出版体系模式的核心特征是普遍性、大众性和非专业性。这种出版模式内容广泛，涉及各个领域，能够满足不同阶层、不同年龄段读者的阅读需求。

在精准对外输出、开发原创作品的内容生产模式中，中国大众类对外出版正在提质增效，努力增强中国出版物在国际市场上的原创力和竞争力，从根本上增强中国出版的国际话语权；在设立海外分部、展开本土营销的战略经营模式中，中国大众类对外出版着力于在国际上擦亮名牌，涵养自主出版品牌的国际底蕴，培养一大批专业能力扎实、外语水平过硬、了解海外市场、精通国际出版业务的出版人才；在双向互惠的文化共同建设、出版国际合作的出版交流模式中，中国大众类对外出版正在积极转变出版观念，以文明互鉴、文化互通的理念广交朋友，与各个海外出版机构和政府建立更为持久、健康的合作关系；在科技赋能出版、出版反哺科技的技术模式中，大众类对外出版正在探索更多样的表达方式、更多彩的艺术形式和更扎实的商业模式。

一、精准对外输出，开发原创作品

精准对外输出意味着对出口出版物精益求精的产品追求，意味着在出版周

---

① 胡译文.全球价值链视角下中国出版业国际化路径研究：基于四家中国出版集团的跨案例分析[D].上海：华东政法大学，2023.

期管理中严格的市场研判，也意味着中国出版机构和出版企业在中国文化“走出去”中联合发力，形成多样化、差异化、精细化的对外出版格局。

对外出版要量力而行、因地制宜，如地方出版社要有选择性、针对性地输出版权。目前，北京、广东、浙江等省市的出版社仍然在版权输出量上遥遥领先，占据第一梯队的位置。地方出版社也在响应国家号召，根据自身能力，利用现有资源，有针对性地向海外读者输出优秀的中国作品。在精准对外输出的过程中，出版方在历史上积累下来的资源至关重要，例如，与一些作者的亲密关系、优质原创作品的版权积累、与海外文化机构长期以来建立的合作同盟关系、国际人才积累、地缘文化圈层的天然亲近性等。例如在地缘上，云南教育出版社就紧紧围绕建设面向南亚、东南亚辐射中心战略定位，云南出版集团推进与南亚、东南亚进行文化交流的海外重点项目建设；广西出版传媒集团则充分发挥广西与东盟地缘相近、人缘相亲、文缘相通的独特优势，加快出版“走出去”步伐。[①]在作品资源上，2023年的第29届北京国际图书博览会共有20多万种中外图书集中展示，中国出版集团、中国外文局等“国家队”展出一批具有长远意义、代表国家意志、聚焦时代声音的重大出版工程和重点出版物，北京、河北、天津、吉林、安徽、广东等出版传媒集团则发挥各自优势，让地域文化、特色图书、前沿模式成为亮点。

开发原创作品与出版企业的国际化和市场化建设难以分离。如果过分依赖政府举办的展销会、图书博览会等平台，或者在对外出版产品上怯于创新，只想完成行政上要求的任务，达到指标，中国原创作品就很难发展起来。国际组稿是一个出版社走向国际的重要标志，国际化经营需要一定的企业规模、人才和资金才能顺利开展，对出版企业经营实力要求较高。出版机构邀请不同国家的作者、专家共同参与选题的策划和创作，能够更精准地对接国际市场需求，提升稿件质量和内容的国际价值，在国外出版市场上占据主动地位。例如，江苏少年儿童出版社(简称苏少社)通过国际组稿的前沿模式打造“国际范”产品，拥有作品的全球版权。[②]在国际组稿的生产模式下，中方出版机构能够放眼全球寻找最优秀的作者，从而大幅提高书稿质量，利用翻译成多种文字的书稿占据上游价值，同时发挥自身特色，将优秀作品投入国际市场，增强竞争力。

① 梁志.发挥地缘优势　推动广西出版“走出去”[J].当代广西，2023(21)：14.

② 王泳波.坚持胸怀天下　推动出版国际化：以少儿出版“走出去”为例[J].科技与出版，2023(5)：19-27.

出版的核心是版权，版权的关键在于内容。中国对外出版从"借船出海"走向"造船出海"，中国出版业要进军海外市场，已经不再停留于单纯的版权输出贸易活动。从寻找海外出版机构代理到建设国际分社和海外编辑部，从翻译出版到合作出版，再到全球组稿的内容生产和版权管理模式，从策划组稿到编辑翻译等内容生产环节，中国对外出版机构积极与海外作者、翻译人员、出版机构合作，打造精品项目，讲好中国故事，传播中华文化，满足国际读者对于中国的好奇心和求知欲，并在业务模式上与国际规范深度接轨。

二、设立海外分部，展开本土营销

与国际出版机构建立合作关系，邀请外籍专家人才参与图书的策划、编辑和翻译工作，设立海外编辑部，这种合作有助于提高出版物的质量，让中华文化的对外传播不打"文化折扣"。例如，中国主题图书海外编辑部处于合作出版的最前沿，中国故事"谁来讲""怎么讲"，大到图书立意，小到翻译表述，中外共同合作出版的模式有利于实现精准的跨文化传播，而且能够使图书在一开始就取得兼容性的国际价值。

虽然设立出版社国际分社和海外编辑部很重要，但是中国出版"走出去"还需要解决市场问题，与本地出版社合作可以实现本地出版社营销资源和品牌效应的转化。外方的展销资源和媒体渠道是大众类对外出版物能够进入市场的关键和支柱。全球化的背景下，中国企业在拓展国际市场的过程中，面临了解海外读者需求和适应不同市场环境的双重挑战。为了更加精准地开发产品和拓展业务，中方企业可以采取多种策略，其中包括深入研究本土化渠道，直接面对目标市场，以及积极采用"借船出海"和"造船出海"的工作方式。首先，通过本土化渠道，中方企业能够更深入地了解海外读者的偏好和需求。这意味着企业需要投入资源进行市场调研，包括但不限于消费者行为分析、文化差异考量以及竞争对手研究。通过这些信息，企业可以定制产品，确保产品符合当地市场的特定需求和期望。例如，通过与当地分销商合作，或者在海外设立研发中心，中方企业可以更好地捕捉市场动态，快速响应市场变化。其次，"借船出海"和"造船出海"的工作方式为中方企业提供了灵活的国际扩张策略。"借船出海"指的是通过与国际知名企业合作，利用其品牌影响力和市场渠道来推广自己的产品。这种方式可以帮助中方企业快速打入新市场，减少初期的市场开拓成本和风险。而"造船出海"则意味着中方企业自主建立海外品牌和销售网络，这要求企业具备较强的国际化运营能力和品牌建设能力。通过这两种方式，中方企业不仅能够保障“走出去”工作顺利开展，还能够在国际市场上建立起自己的品牌形象。此外，中方企业在海外本土化运作能力的提升，不仅有助于增强产品的市场竞争力，还能够促进跨文化交流和信息共享。通过在海外设立分支机构或者与当地企业合作，中方企业可以更直接地与海外消费者沟通，收集反馈，不断优化产品和服务。同时，这也为中方企业提供了寻找新商机和推进国际合作的机会，有助于构建全球价值链，实现互利共赢。例如，广西美术出版社在对日本输出中国传统书画图书时，在东京博物馆举办“颜真卿大展”期间，出版社日本编辑部在淳久堂书画楼层设小型卖场，专卖与颜真卿书画相关的文化产品。在东京“三国志展”期间，广西美术出版社日本编辑部在东京国立美术馆和九州国立美术馆设销售展柜。[①]

“造船出海”和“借船出海”融合策略相关案例如下。中国新闻出版系统最大的对外贸易企业之一中国出版对外贸易有限公司和东南亚地区最大的图书出版发行及连锁书店集团新加坡大众集团的控股公司，分别在新加坡、北京和香港同时宣布合资成立“现代大众图书有限公司”。这两家国内外知名的出版发行企业在业内具有良好的业绩和声誉，他们的“联姻”将对中文出版物在海外的出版发行产生深远而持续的影响。合资公司成立后，中国内地出版的图书将“借船出海”，利用新加坡大众集团现有的连锁书店设“现代大众”中国内地图书专柜，迅速进入海外华文图书销售主流市场。中国出版对外贸易有限公司和新加坡大众集团本着优势互补、精诚合作的原则，依托各自的市场资源和服务体系，共同扩大中国出版物在海外的市场。两家公司在香港成立“现代大众图书有限公司”，这是中国出版对外贸易有限公司拓展出版物出口渠道、“借船出海”，加快中国出版业走向世界步伐的战略举措。合资双方投入运营资金3000万元，利用各自成熟、完善的采购、分销、物流配送连锁系统开展运营。预计合资公司的成立将大大提高双方对海外市场的掌控能力，使中国内地图书的海外发行达到一定的规模，并通过双方现有的道路及发行基础，降低运营成本。合作双方有非常好的业务基础，此次合作是优势企业、优势项目的强强合作，因此经过适当业务整合，合资公司在短期内即可实现营利。

国际书展是重要的展销资源。国家新闻出版署印发的《出版业“十四五”时

① 潘海清.地方艺术出版社国际合作出版浅析：以广西美术出版社日本编辑部为例[J].出版广角，2020(14)：54-56.

期发展规划》指出，要推动出版业高水平走出去，需要拓展出版走出去渠道，办好北京国际图书博览会，用好重要国际书展平台，适应线上线下融合办展趋势，完善国际书展参展及主宾国活动机制，高效传播中国优质出版内容。[1]政府机构、出版企业、作家、读者齐聚一堂，书展是一个图书营销、签约合作、文化交流的综合平台。

三、文化共同建设，出版国际合作

以前对外出版注重出口量和进口量的比较，在意与美国、英国、德国、法国、日本等发达国家的图书贸易逆差，对于发展中国家之间的文化交流往来不够重视。而现在中国对外出版提倡双向互惠、平等交流。体现在具体案例上，最为典型的就是"一带一路"出版中一系列中外互译出版计划。

中国出版业对"一带一路"倡议下的文化共同建设和出版业的国际合作给予了极大的关注。通过实施一系列重点项目，如"丝路书香工程"重点翻译资助项目、经典中国国际出版工程、中外图书互译计划以及亚洲经典著作互译计划，出版界积极支持国内出版社投身国际翻译和出版活动。同时，鼓励它们参与到"一带一路"沿线国家和地区举办的图书展览会中，以此构建起一个促进中国与相关国家和地区之间出版文化互动交流的平台，从而加强彼此间的文化联系和理解。

秉持平等互鉴的文化交流理念，中外互译项目往往能够赢得当地政府与出版机构的支持。2019年，亚洲经典著作互译计划正式启动。中方亚洲经典著作互译计划专项工作办公室遴选了102种中国经典著作，这批图书生动体现了以习近平同志为核心的党中央治国理政新理念、新思想、新战略，精彩诠释了当代中国的价值观念，大力弘扬了中华优秀传统文化，充分展示了当代中国发展图景，积极呈现了人类共同价值追求。由此，赢得了业内外专家学者的一致好评。[2]表4.1是亚洲经典著作互译计划中的中方外译书目举例，项目注重书目内容的均衡性。

---

① 出版业"十四五"时期发展规划[EB/OL].(2021-12-28)[2024-01-02].https://www.nppa.gov.cn/xxfb/tzgs/202112/P020221129376042550150.pdf.

② 范军，刘钊.亚洲经典著作互译计划：战略意义与实施路径[J].中国出版，2022(20)：28-32.

表 4.1　亚洲经典著作互译计划中方外译书目举例

类别	数量	具体书目举例
习近平总书记相关著作	11	《习近平谈治国理政(第一卷)》《习近平谈治国理政(第二卷)》《习近平谈治国理政(第三卷)》《之江新语》《摆脱贫困》《知之深爱之初》《论坚持推动构建人类命运共同体》等
哲学社会科学类图书	38	《历史的轨迹:中国共产党为什么能?》《新中国70年》《历史唯物主义与当代中国》《从哑铃到橄榄:亚太合作安全研究》《民主的中国经验》《仁学本体论》《中国佛教哲学要义》《中国哲学简史》《论道》《乡土中国》《解读中国经济》《社会主义经济论稿》《中国法律与中国社会》《中国史纲要》《中国思想史》《从鸦片战争到五四运动(简本)》《故宫营造》《美的历程》等
古代著作	23	《周易译注》《诗经译注(修订本)》《论语译注》《唐诗三百首》《宋词三百首笺注》《元曲三百首》《资治通鉴》《三国演义》《水浒传》《西游记》《红楼梦(启功注释本)》等
现当代文学作品	25	《鲁迅小说全集(丁聪插图本)》《家》《四世同堂》《子夜》《围城》《边城》《呼兰河传》《曹禺话剧作品集》《创业史》《受戒》《美食家》《棋王树王孩子王》《人生》《白鹿原》《活着》《尘埃落定》《解密》等
儿童文学书籍	5	《寄小读者》《宝葫芦的秘密》《我是花木兰》《盘中餐》等

对外翻译图书的传播对于推广中华文化、减少国际误解、为中国的区域合作打下民意和社会基础,以及为构建人类命运共同体打造人文根基具有重要意义。随着中国跃升为全球第二大经济体,国际社会对于深入了解和认识中华文化的需求不断增长,特别是在“丝路书香工程”的推进下,我国图书成功跨越文化差异,走向国际舞台,同时向世界传递中国的“合作共赢”理念,有效缓解了国际社会对中国外交政策的疑虑。[①]

① 张艺兵.“一带一路”背景下的中国:中东欧出版交流与合作[J].出版发行研究,2017(8):18-22.

四、科技赋能出版，出版反哺科技

在新媒体技术不断迭代发展、大数据出版将成趋势的背景下，科技赋能出版、出版反哺科技的数字化模式已经初步显现。依照《出版业“十四五”时期发展规划》的相关规定，宣传部发布了《关于促进出版业深度融合发展战略的实施意见》。该意见聚焦加速出版业的深度融合发展进程，打造适应数字时代的新型出版传播架构。遵循整体推进与标杆示范相结合的基本策略，从六个主要维度——战略规划、内容创新、技术支持、关键项目、人才培养、保障机制提出了共计20条核心措施。

融合了数字技术的出版产品可以增强用户体验感，增设服务功能，增加产品本身价值。2020年，英国Inception公司获得安徽少年儿童出版社《熊猫日记》启蒙图画书系列AR图书双语版的全球制作和发行权，其将以纸质书为基础，在该系列首推的“春天的故事”（10册）电子版中加入AR技术，列入其独立开发的Bookful手机应用程序中，并在全球范围内推广发行。Bookful允许用户通过智能手机或平板电脑观看3D动画和故事。这些动画和故事从平面的图书中“活”了起来，为用户提供了一个立体的阅读环境。用户可以通过移动设备与AR内容进行互动，可以从不同的角度观察动画，甚至与故事中的角色进行互动。Bookful提供了两种使用模式——阅读模式和AR动画播放模式。在AR动画播放模式下，用户可以激活完整的AR体验，将书本上的静态图像变为动态的3D场景。数字藏品、有声读物、视频产品、交互性多媒体产品正在给各个阶段、层次、年龄的读者带来多样化、沉浸式的体验，前沿技术的进一步成熟将会极大地增强我国对外出版的竞争力。

数字技术提高了对外出版的效率，甚至重塑出版范式，但目前来说，大众类对外出版的数字化程度还远远不足。人工智能和大数据技术对于出版业的赋能已经遍及选题策划、内容生产、营销管理、分发推送全过程。对于对外出版来说，人工智能和大数据的帮助能够让一个不熟悉国际出版业务的编辑迅速了解重要信息，在语言业务上辅助编辑迅速完成审校修订，在外语人才仍然稀缺的情况下为图书大规模出海打下基础。大众类对外出版由于跨越国界，出版业务互通、国际加强合作显得尤为重要。但目前，一个规模化、生态化的数据库仍然亟待建设。对外出版不能“一出了之”，还需要建立精准的传播效果评估机制，无论看销售额还是看读者反馈，对外出版的中华文化需要真正走入外国读者心中。现在的出版质量评估数据来源有亚马逊等网站上的图书评论、计算机联网图书馆中心(OCLC)的数据、专家的权威点评等,但大部分只是对一本书、一类书的小范围评估,缺乏可供参考的大型的、兼容的数据库。在这一点上,大众类对外出版可以参考学术出版案例经验。

最后,作为数据的重要源头,出版机构拥有丰富的内容资源,包括文学作品、学术研究、历史档案等,这些内容不仅具有版权保护,而且经过精心编辑和校对,保证了内容的质量和准确性,这对于AI大模型的训练至关重要。出版业与科技企业在长效互利的合作机制下,将实现发展的乘法效应。

第五章　对外出版体系的建设方案及创新路径

在先前的研究中，本书深入探讨了不同出版领域内各具特色的对外出版体系建设模式。虽然不同内容类别的体系建设模式各有千秋，但归根结底，它们都根植于出版这一核心领域，因此存在不容忽视的共性。鉴于此，本章将从主体的角度出发，依据上文所述不同出版领域内对外出版体系建设模式的共通性，聚焦政府部门、出版机构以及社会公众三大主体，系统研究我国对外出版体系的整体构建策略。同时，在探索创新路径时，本章将紧密围绕出版流程的关键环节进行深入剖析，力求全面而细致地构建出符合我国国情的对外出版体系建设方案及创新路径。

第一节　对外出版体系的建设方案

在深入剖析对外出版体系的建设模式时，从前文对各细分领域的探讨中可以观察到，每个领域虽然都有其独特的发展逻辑，但同样遵循着某些共通的基本规律。在对外出版体系整体的建设研究方面，需要将视角延伸至参与对外出版活动的主体——政府部门、出版机构以及社会公众。正是这些主体，构成了对外出版体系建设的核心力量，也是我们全面理解并构建对外出版体系建设方案的关键所在。

一、政府部门指导性

政府部门作为政策的出台方在我国对外出版体系建设过程中起着非常重要的指导作用，一方面表现为通过出台相关政策来落实；另一方面表现为其相关职能部门发挥作用，实现国内国外的融通对接。

1.完善政策引领，激励建设创新

在全球化的时代背景下，对外出版不仅承载着传播中华文化、讲好中国故事的重要使命，还是我国文化软实力的重要体现。为了有效提升我国对外出版体系的整体实力和国际影响力，政府部门必须以完善政策引领、激励建设创新为关键路径，推动对外出版事业的蓬勃发展。

(1)完善政策引领，奠定坚实基础

政策的完善是推动对外出版体系建设的基石。我们应当从国家层面出发，制定全面、系统、具有前瞻性的政策框架，以引领和规范对外出版活动。首先，要明确战略规划。通过制定长期的对外出版战略规划，明确对外出版未来的发展目标、重点任务和保障措施。只有在坚实的政策基础上通过规划的实施，才能确保对外出版工作有序、高效的进行。例如，在新媒体时代趋势下，国家顺应数字技术发展，2022年以来，出台了多部数字文化产业相关政策，包括《关于推动出版深度融合发展的实施意见》《关于推进实施国家文化数字化战略的意见》《“十四五”文化发展规划》《数字中国建设整体布局规划》等，为我国文化数字化发展与对外传播进行顶层设计和战略布局。[①]因而，在新媒体时代，重视出版业数字化、技术赋能等在政策中是明确的。其次，优化政策环境。通过建立健全对外出版的法律法规体系，为出版机构提供法律保障；简化相关部门的审批流程，降低出版机构的市场准入门槛，鼓励更多的社会力量参与对外出版活动。最后，要加大资金扶持力度。设立对外出版专项资金，用于支持优秀出版物的翻译、推广和发行。通过资金扶持，降低出版机构的经济压力，激发其创新活力。具体来说，出版机构应善于把握政策叠加的发展机遇，依托“一带一路”框架下丝路书香工程、经典中国国际出版工程、中国图书对外推广计划等工程，用

① 裴永刚，索煜祺.文化数字化战略下我国数字出版对外传播体系建设[J].出版广角，2024(1):34-40.

好配套的扶持政策和优惠政策,借势走向国际出版舞台。①

(2)激励多种创新,提升出版品质

在完善政策引领的基础上,我们需要进一步激励出版机构在内容、形式和技术等方面的创新,以提升出版物的品质和国际竞争力。首先,要鼓励出版机构的内容创新。倡导出版机构深入挖掘中华文化的丰富内涵,推出更多具有中国特色、时代特征、世界意义的优秀作品。同时,鼓励多元文化的交流与融合,让中国故事以更加国际化的方式呈现。其次,要推动出版内容的形式创新。探索多元化的出版形式,如数字化出版、多媒体互动等,以满足不同国家和地区读者的需求。通过形式创新,增强出版物的吸引力和传播力。最后,要促进出版机构的技术创新。大力引导出版机构积极运用新技术手段,如人工智能、大数据等,适应跨境网络营销、在线版权贸易、国际云书展等新形态,提升出版流程的智能化水平。通过技术创新,提高出版效率,降低成本。例如,“十四五”时期,中国图书进出口(集团)有限公司牢牢抓住数字时代的发展新机遇,全力推动中国数字产品走出去,加快布局自有品牌海外覆盖,不断扩大零售端中国电子书读者用户群;增加专业学术数据库等营销力度,持续扩增购买使用数字产品的海外机构用户数,实现弯道超车。五洲传播出版传媒有限公司打造面向西班牙语地区的国际有声出版平台,将外文版中国内容音频化并实现海外版上线,开展与中国汽车制造商在车载系统中的深度合作;复制阿拉伯语地区数字阅读发展模式,继续扩大 that's books 数字阅读平台在拉丁美洲地区的影响力。②

(3)加强国际合作,拓宽传播渠道

要提升我国对外出版体系的国际影响力,还需要加强与国际出版界的交流与合作。首先,要建立合作机制。与国际知名出版机构建立长期稳定的合作关系,共同策划和推广中国主题出版物。通过合作,实现资源共享、互利共赢。其次,要拓展海外市场。积极参加国际书展、文化交流活动等,展示中国出版的最新成果。同时,加强与海外图书馆、书店等合作,推动中国出版物进入国际市场。比如,五洲传播出版传媒有限公司近年来以“一带一路”沿线国家和地区为重点,深入实施丝路书香工程、经典中国国际出版工程等资助项目,与110多个

① 章宏,林慧冰.“一带一路”视角下对外出版话语体系的构建路径[J].出版广角,2020(10):24-27.

② 刘蓓蓓.做深做实对外出版 创新拓展国际市场[N].中国新闻出版广电报,2022-06-24(001).

国家和地区的200多家出版及文化机构有着密切友好的合作，实现了更广阔的国际合作版图。[①]最后，要培养国际化人才。增加对外出版人才的培养力度，特别是具有国际视野和跨文化沟通能力的复合型人才。通过人才培养，提升我国对外出版体系的整体素质和竞争力。

以完善政策引领、激励建设创新为路径建设我国对外出版体系是一项长期而艰巨的任务。我们需要不断总结经验、持续改进和创新工作方式方法，推动中国出版走向世界舞台的中央。

2.职能部门发力，引导健康发展

在对外出版体系建设的过程中，各职能部门的引导和推动作用不容忽视。接下来将从版权监管部门、数字资源部门和评估部门三个主体出发，详细探讨各职能部门如何在对外出版体系的建设中发挥关键作用。

(1)发挥版权管理部门的引领与保护作用

版权问题是出版行业的核心问题之一，特别是在对外出版中，版权的跨国保护和管理显得尤为重要。版权管理部门在对外出版体系建设中扮演着至关重要的角色。

首先，版权管理部门应建立完善的版权登记和审查机制，确保每一部对外出版的作品都能够得到合法的版权保护，这不仅可以保护作者的合法权益，还能提升我国出版物的国际形象。有关研究表明，数字版权难题在于版权归属模糊、侵权代价低、版权保护技术更新慢等。健全数字出版的版权保护和治理体系不仅有助于解决国内数字版权治理难题，还有利于促进国际版权贸易与合作，降低海外贸易的版权风险。建立健全数字版权保护体系的重点在于完善数字版权保护法规，确立合理的数字版权授权模式和监管模式，创新数字版权管理技术等。[②]

其次，版权管理部门应积极参与国际版权合作与交流，推动我国加入更多的国际版权保护公约和组织，加强与其他国家在版权保护方面的协作，为我国对外出版物在国际市场上提供更有力的法律保障。

最后，版权管理部门还应加大对盗版和侵权行为的打击力度，通过法律手

① 刘蓓蓓.做深做实对外出版 创新拓展国际市场[N].中国新闻出版广电报，2022-06-24(001).

② 裴永刚，索煜祺.文化数字化战略下我国数字出版对外传播体系建设[J].出版广角，2024(1):34-40.

段维护市场秩序，为对外出版创造一个健康、公平的发展环境。

(2)加强数字资源的集约与管理

随着数字化时代的到来，数字资源在对外出版中的地位日益凸显。数字化本质是数字资源的集约化管理。

首先，应建立完善的数字资源库，收集和整理我国优秀的出版物资源，为对外出版提供丰富的内容支持。同时，该部门应积极推动数字技术的研发和应用，提高数字出版的质量和效率。除此之外，还应关照不同国家的数字技术使用能力差异所导致的使用沟。我国数字出版对外传播需要建立完备的数字基础设施体系，即除了建设5G网络基站、通信电缆、移动设备等物质性基础设施，还应该重视平台化的基础设施建设，如跨境线上支付、国际数字认证、社交媒体和搜索引擎等。

其次，应深化与国内外数字出版平台的合作与对话，致力于推动我国对外出版物的数字化分发与传播，进而在全球舞台上提升我国文化的影响力。为实现这一目标，必须正视并应对数字基础设施发展差距所带来的挑战。这种差距不仅加剧了人与人之间的数字鸿沟，而且在数字经济发达国家与发展中国家之间形成了马太效应，进一步加剧了全球数字资源分配的不平等现象。因此，我们应着力于提升我国数字基础设施的国际兼容性，确保数字资源和平台能够更好地与国际标准接轨，从而更有效地参与全球数字文化交流与传播。此外，还应关注数字阅读的市场趋势和读者需求，及时调整、优化数字资源的内容和形式，以满足不同国家和地区读者的阅读偏好。

最后，应密切关注数字阅读市场的最新趋势和读者需求，以确保及时对数字资源的内容和形式进行调整、优化，从而精准地满足不同国家和地区读者的个性化阅读偏好。在推进我国数字出版对外传播时，应立足于目标国家及受众的实际情况，采取因地制宜的策略，实现文化的数字化精准传播。具体而言，针对欧美等发达国家市场，主要输出对设备要求较高的数字产品，如大型网络游戏和移动游戏；而对于东南亚、非洲等欠发达地区市场，倾向于输出网络文学、音视频等低门槛、高普及率的数字内容。此外，还应将数字基础设施纳入“一带一路”倡议的整体框架下，加大对“一带一路”共建国家数字基础设施建设的支持力度，推动实现数字资源的全球共享和文化的交流互鉴。这不仅有助于缩小国际数字鸿沟，还将为我国数字出版的对外传播奠定坚实基础，进一步提升我国文化的国际影响力。①

(3)提升评估机构的监督与反馈

评估机构在对外出版体系建设中发挥着监督和反馈的重要作用。评估该机构应通过科学、客观的评估方法,对对外出版物的质量、传播效果和社会影响进行全面的评价。

首先,评估机构应构建完善的评估指标体系,这一体系应涵盖内容质量、翻译精准度、设计排版等多个关键方面,以确保我国对外出版物的整体品质达到国际水准。在构建出版"走出去"效果评估指标体系时,可以从认知、态度与行为的传播效果出发,构建一个全面且系统的评估框架。针对这三个方面的传播效果进行评估,可以深入研究中国出版在国际市场上的竞争力、社会影响力以及价值引导力。在具体实施过程中,管理部门需基于多端口关联要素的数理模型,全面融入话语环境与形态、受众需求以及出版物属性的多维体系。特别是适应后疫情时代所带来的复杂话语生态和不断变化的受众需求,通过整合多元要素,形成严密、科学的归因关联,能够有效地评估出版"走出去"产品在国际传播中的实际效果,从而提炼出有针对性的优化策略。值得强调的是,由于出版"走出去"的影响因素具有多样性和变化性,效果评测模型必须具备高度的灵活性和可拓展性,以便及时调整关联要素,并确保其在实际操作中的可行性和有效性,这将有助于提升中国出版"走出去"在应对严峻挑战和复杂局势时的国际传播能力。②

其次,评估机构应定期对对外出版物进行评估和审查,及时发现并纠正存在的问题和不足,推动出版机构不断提高出版质量。

最后,评估机构还应加强与读者和市场的沟通与交流,收集、分析读者反馈和市场数据,为出版机构提供有针对性的改进建议和市场策略。对此,我国出版机构、相关部门和学术界可以联合起来,建立以第三方数据为基础的评价体系。例如,北京外国语大学、中国出版传媒商报社联合主办的中国图书海外馆藏影响力研究,通过馆藏数据这一在期刊和报纸评价体系中广泛使用的学术研究指标,追踪中国出版物在海外的流通轨迹,探讨中国出版物在海外的传播影响力。此外,出版行业也要针对不同类型的出版物,将其纳入与之适配的评价

① 裴永刚,索煜祺.文化数字化战略下我国数字出版对外传播体系建设[J].出版广角,2024(1):34-40.

② 张岩,裴永刚,彭佩瑶.中国出版"走出去"历程的回顾、反思与展望[J].出版广角,2021(23):41-45.

指标,从而开发出更具指导意义的对外出版评价体系。例如,在对学术出版的考察上,对外学术影响力指标就比经济效益指标更为恰当。我们可以将出版物在其他国家的文化影响力、社会反馈和媒体评价等多重指标纳入“一带一路”对外出版评价体系,从而促进我国出版机构努力提升在“一带一路”沿线国家和地区的影响力。[①]

二、出版机构主动性

出版机构是对外出版内容生产的主要力量,对外出版内容的质量高低影响着我国对外出版事业的发展。在对外出版体系建设的过程中,出版机构的内容规范性对体系建设而言也具有重要的作用。为了有效推动对外出版体系的建设发展,出版机构必须从根本上提升出版物质量,并严格遵守出版规范,同时增强出版内容多样性,打造精准内容生产。

1.提升出版质量,重视出版规范

(1)提升出版物质量:精益求精,打造文化精品

出版物质量在任何时候都是决定出版发展的重要因素之一。

第一,重视传统出版环节质量检测。一是要提升选题策划的精准性。选题是出版物的灵魂。在对外出版中,选题应紧密结合目标市场的文化特点、阅读习惯和兴趣偏好。通过深入的市场调研,了解海外读者的真实需求,从而策划出既有中国特色又能引起国际读者共鸣的选题。二是要加强出版物内容质量。内容是出版物的核心。出版机构应坚持“内容为王”的原则,注重文本的准确性、逻辑的严密性和语言的优美性。同时,积极引入高水平的翻译团队,确保翻译作品既保留原语言的文化韵味,又能符合目标语言的表达习惯。三是要注重编辑校对的严谨性。编辑校对是保障出版物质量的重要环节。出版机构应建立完善的编辑校对流程,采用专家审稿、多人交叉校对等方式,确保出版物在文字、语法、标点等方面无误。在此基础上,出版机构也要深入拓展数字出版。

第二,必须特别强调数字出版内容质量在对外传播中的重要性。数字出版虽然继承了传统出版的精髓,但其核心依然是作品质量的提升和传播效果的优化。完善数字出版产品与内容供给体系,对于系统性地推动中华文化数

---

① 章宏,林慧冰.“一带一路”视角下对外出版话语体系的构建路径[J].出版广角,2020(10):24-27.

字符号的生产与复制至关重要。出版机构致力于将中华文化的抽象元素转化为可复制、可体验、易传播的优质数字资源,以实现中华优秀传统文化的创造性转化和创新性发展。中华文化符号承载着中华民族的精神气质和历史记忆,体现了我国的主体身份和国际形象。因此,数字出版需要深入研究中华文化符号的数字化路径,将中华民族的神话传说、历史事件、自然地理、民俗民风、英雄人物、文学艺术、红色文化、现代科技等全面纳入文化符号生产系统。运用数字建模、数字藏品、数字交互、区块链、数据库、虚拟现实等先进技术,力求实现中华文化符号的创造性转化与跨时空复制传播,以中华文化IP的延展来推动数字出版对外传播的供给侧结构性改革。在文化体验层面,数字出版相较于传统出版具有显著优势,能够提供沉浸式的文化体验媒介,使受众在潜移默化中深入感受和理解中华文化的独特魅力。因此,在数字出版对外传播中,我们应充分发挥数字媒介可供性的优势,并将其作为评估对外传播效果的关键指标之一,以确保对外出版传递的不仅是信息,更是高质量的文化价值和精神内涵。

(2)重视出版规范:遵循标准,确保出版品质

出版标准和法规是规范对外出版的必要手段。

首先,要遵守国家出版法规。严格遵守国家关于出版的法律法规,确保出版物的内容健康、积极,不含有违法违规信息。对于涉及敏感话题的内容,应慎重处理,避免引发不必要的国际争议。

其次,要适应执行国际标准。在排版、设计、印刷等方面,积极对接国际标准,使出版物在视觉上更加符合国际审美,提升我国出版物的国际形象。

最后,要注重保护知识产权。在对外出版的过程中尊重原创精神,坚决抵制盗版和侵权行为。同时,不断加强版权意识,为作者提供坚实的法律保护,营造一个公平、公正的出版环境。

(3)推动对外出版体系建设:整合资源,形成合力

对外出版体系建设是完善内容资源的基础。

首先,要构建完善的出版流程。从选题策划、内容创作、编辑校对到印刷发行,建立起一套高效、规范的出版流程。通过流程化管理,确保每一个环节都能高效运作,从而提升整个出版体系的效率。出版机构常采取建设数字资源服务平台策略,以平台经济赋能数字出版,有效促进国际数字出版生产要素的自由流通,形成多维、立体、互动的国际传播网络。中国图书进出口(集团)有限公司

自主研发了数字资源交易与服务平台——易阅通，汇集了国内外出版机构的海量数字资源，目前资源总数已超过800万，打通销往海外4万家机构用户和数百万读者的营销渠道。

其次，要加强人才队伍建设。培养和引进一批懂出版、会管理、精通外语的复合型人才。通过专业培训、国际交流等方式，不断提升出版从业人员的专业素养和国际视野。

最后，要拓宽国际合作渠道。积极与国际知名出版机构建立合作关系，共同策划和推广中国主题出版物。借助国际合作伙伴的资源优势和市场渠道，推动我国出版物更好地走向世界。提升出版物质量和重视出版规范是推动对外出版体系建设发展的基础。只有坚持高质量出版，才能在激烈的国际竞争中占据一席之地。我国数字出版产业积极开展国际发行合作，扩大与国际同行的交流，增进对国际数字出版格局的了解。2023年9月举办的第13届中国国际数字出版博览会，重点设置了数字出版国际合作项目展，展出科学出版社与爱思唯尔公司合作的国际传播平台、圣智出版集团(Cengage)开发的学科资源中心等数字出版产品，为数字出版国际合作创新提供了展示窗口。

2.增加多元内容，生产精准内容

在全球化的大背景下，出版作为文化传播的重要载体，对外出版体系的建设与完善显得尤为重要。为了更有效地推动对外出版体系建设，必须以增强出版内容多样性和实现精准内容生产为核心策略，满足国际市场的多元需求，提升我国出版物的国际竞争力。

(1)增强出版内容多样性：拓宽文化视野，丰富阅读选择

首先，要加强文化多样性的体现。我国文化博大精深，涵盖了丰富的民族、地域和历史元素。通过深入挖掘这些文化资源，可以将更多元的文化内容呈现给国际读者。这不仅有助于传播中华文化的精髓，还能激发国际读者的阅读兴趣。

其次，要加强题材与体裁的创新。除了传统文化，还应关注当代社会的多样题材，如科幻、悬疑、励志等，以及各种创新的体裁形式。通过丰富的题材和体裁，吸引更广泛的读者群体，提升出版物的市场影响力。

最后，要加强跨文化内容的融合。在保持中华文化特色的同时，适当融入一些国际元素，这样不仅能引起国际读者的共鸣，还能促进中外文化的交流与融合。

(2)实现精准内容生产:满足读者需求,提升出版品质

首先,要深入了解目标市场。要实现精准内容生产,必须首先了解目标市场的文化特点、阅读习惯和兴趣偏好。通过市场调研和数据分析,准确地把握读者需求,从而生产出更符合市场需求的出版物。

其次,要注重个性化内容策划。在了解读者需求的基础上,注重个性化内容的策划。结合时事热点、社会趋势以及读者的兴趣点,打造具有吸引力和话题性的出版物。同时,鼓励原创作品的创作,为出版物注入独特的文化价值和思想内涵。

最后,要进行高质量编辑与校对。精准的内容生产离不开严谨的编辑与校对。建立完善的编辑校对流程,确保出版物在内容、语法、排版等方面都达到专业水准。通过严格的审核与修改,不断提升出版物的质量,赢得读者的信任和口碑。

(3)以内容多样性与精准生产推动对外出版体系建设

首先,要提升国际竞争力。通过增强出版内容的多样性和实现精准内容生产,提升我国出版物的国际竞争力。丰富的文化内容和精准的市场定位将使我国的出版物在众多国际出版物中脱颖而出,赢得更广泛的市场份额。

其次,要拓展国际合作渠道。多样化的内容和精准的生产策略有助于拓展更多的国际合作渠道。与国际知名出版机构建立合作关系,共同策划和推广中国主题出版物,将进一步推动中华文化的国际传播和获得更多的认可。

最后,要培养国际化出版人才。要实现对外出版体系建设的目标,必须培养一批具备专业素养和国际视野的出版人才。他们应熟悉国际市场动态,了解不同文化背景下的读者需求,并具备跨文化沟通的能力。通过专业培训和实践锻炼,不断提升人才队伍的国际化水平。

三、社会公众参与度

社会公众在对外出版体系的建设中承担着推动者和助力者的重要角色。其推动作用一方面体现在对外出版文化理念的宣传作用上,社会公众能够发挥其意见领袖的作用来提升我国对外出版的传播效果和创新能力;另一方面,体现在社会公众对对外出版事业的共同管理监督上,社会公众能够助力加强对外出版体系建设的完善性和具体性。

1.利用网络主播，加强传播效果

在数字化、网络化日益普及的今天，对外出版不仅是传递信息、交流文化的重要途径，更是塑造国家形象、增强国际话语权的关键环节。为了更有效地推动对外出版体系建设，可以借助网络主播的力量来加强传播效果，让中国声音更广泛地传达到世界各地。

要明确网络主播的作用和价值。在具体利用网络主播的作用加强传播效果的实践中，可以从以下几个步骤来进行。第一，要精准选择网络主播。要根据出版物的主题和目标受众，精准选择与之相关的网络主播。这些网络主播应该在目标受众中具有一定的影响力和公信力，能够为出版物背书。第二，要进行深度合作与互动。与网络主播建立深度合作关系，邀请他们参与出版物的策划、撰写或评审等。通过深度合作，借助网络主播的专业知识和影响力，提升出版物的质量和传播效果。同时，与网络主播保持良好的互动关系，及时回应他们的反馈和建议，以便更好地满足他们的需求和期望。第三，要多渠道宣传推广。利用网络主播的社交媒体账号等，对出版物进行宣传推广。通过他们的推荐和解读，可以将出版物的核心价值和亮点更直观地展现给目标受众，提高受众的认知度和兴趣。

充分发挥网络主播的作用，借助网络主播的专业知识和丰富经验不断提升出版物的质量和水平。网络主播可以为出版物提供宝贵的建议和意见，帮助发现并解决潜在的问题和不足。同时还可以拓展国际市场，打通对外出版的市场渠道。具有广泛国际视野和人脉资源的网络主播，可以帮助拓展国际市场，将出版物推向更广泛的受众群体。

2.发挥公众力量，提升建设能力

随着全球化的不断深入，对外出版作为国家软实力的重要组成部分，其重要性日益凸显。提升对外出版体系建设能力，不仅需要政府和专业机构的努力，还需要广大公众的参与和支持。

公众是文化传播的广大受众，也是文化创新的重要源泉。在对外出版体系建设中，公众的力量不容忽视。首先，公众具有较强的多样性和广泛的覆盖面，他们的参与能够极大地丰富出版内容，满足不同国家和地区读者的需求。其次，公众的智慧和创意是无尽的，他们的建议和反馈可以帮助优化出版物，提高其质量和吸引力。最后，公众的口碑传播效应巨大，他们的推荐和分享能够迅速扩大出版物的影响力，提升对外出版体系的建设效果。

而具体的实践可以从以下几个方面进行。第一，积极开展公众参与活动。通过举办征文比赛、翻译大赛、读者评选等活动，鼓励公众积极参与对外出版内容的创作和选择，这不仅可以激发公众的创造力和参与热情，还能为对外出版提供更多优质的原创内容。第二，建立反馈机制，完善反馈体系。设立专门的反馈渠道，鼓励公众对出版物提出宝贵的意见和建议。这些反馈可以帮助及时发现并改进出版物中存在的问题，不断提高出版质量。同时，对提出有价值的建议的公众给予适当的奖励，以激励更多人参与到对外出版体系的建设中来。第三，充分利用社交媒体平台。充分利用社交媒体平台的互动性和传播性，与公众进行实时交流和互动。通过发布出版物的相关信息，引发公众的关注和讨论，进而扩大出版物的影响力和传播范围。第四，培养民间代言人。选拔和培养一批热爱中华文化、具备良好外语能力的民间代言人，让他们成为对外出版的重要桥梁。这些文化代言人可以在海外推广中国的出版物，增强中华文化在国际上的影响力和认同感。

此外，也要注重其他方面对公众参与对外出版传播建设的影响作用。首先，加强政策引导和支持。政府应加大对对外出版体系建设的政策引导和支持力度，为公众参与提供更多便利和保障。例如，设立专项基金支持中华文化民间代言人的培训和交流活动，推动更多优秀的中国出版物走向世界。其次，完善相关出版机制。建立健全出版机制，确保出版物的质量和效益。加强编辑、校对、翻译等环节的专业性和严谨性，提高出版物的整体品质。同时，注重市场调研和读者需求的分析，以满足不同国家和地区读者的阅读偏好。最后，进一步强化国际合作与交流。积极开展与国际出版机构的合作与交流活动，共同推动中外文化的传播与交流。通过合作出版、版权贸易等方式，引进更多优秀的国际出版物，丰富中国读者的阅读选择。同时，将更多优秀的中国出版物推向国际市场，提升中华文化的国际影响力。

第二节　对外出版体系的创新路径

创新是推动出版业高质量发展的核心动力。我国对外出版体系的建设，应始终坚持高质量创作与目标导向的和谐统一。我们的目标是改善国际舆论环境，塑造积极正面的国家形象，让世界更全面、更真实地了解中国。

观念上的创新能够极大地拓宽出版的视野和格局，为出版业带来新的生机。在对外出版领域，从实施“走出去”战略到加强国际传播能力，这正是观念创新的具体体现。这种创新要求出版物不仅能够“走出去”，而且要“走进去”，即实现出版内容与海外市场的深度融合，追求过程与效果的双重成功，以产生广泛而深远的影响力。[①]在观念创新的基础上，还需要勇于实践创新，摒弃传统对外出版的固有模式和思维局限，确保每一个对外出版项目都精益求精，同时紧密追踪海外市场的反馈。在提升本土化、现代化水平，满足海外读者需求的过程中，必须坚守真、善、美的创作原则，保持谦逊而又不妄自菲薄的态度。

一、生产环节

生产环节是出版活动的第一步，也是决定出版物质量的关键步骤。因此，在生产环节做好质量把关是重中之重，同时在生产环节寻求对外出版体系建设的创新路径也是重要思路。

1.划分内容维度，明确内容使命

通过对近年来具有代表性的出版物的梳理可以发现，政治、学术、生活是出版界对外言说中国式现代化的三个基本方向，它们形成各自的话语维度。明确各个维度的定位、现状与使命，能够为持续做深做强中国理念对外出版提供清晰思路与方向指引。

(1)政治理论类读物

政治理论类读物不仅记录了中国式现代化在概念和术语上的演进，而且是中国共产党对现代化理论的深入思索、现实考量与实践创新的文本体现。作为传递官方话语的阵地，这类读物聚焦现代化进程中的重要事件、关键节点和背后的逻辑链条，以宏大的视角对中国式现代化的特色、本质要求和重要原则进行深刻剖析，展现出强烈的权威性、严谨性和感染力。

政治理论类读物在书写中国式现代化时，展现出了由情入理、情理交融的新特点。在选题策划和内容编排上，这类图书正逐渐摆脱传统政治读物的说教色彩，积极与其他出版领域融合，通过新颖的内容、独特的视角和创新的文体，为读者提供更为丰富的阅读体验。

---

① 谢清风.“六力”促进出版高质量发展和出版强国进程[J].科技与出版，2022(3):6-12.

以《走向2049年的中国》为例，该书通过深入分析和预测中国式现代化建设的趋势与挑战，提出了中国未来发展的新策略。这类兼具深刻内容和精美形式的图书正逐步获得海外读者的认可，销售量和版权输出量屡创新高。

政治话语强调立场和价值判断，为了向世界更好地诠释中国之治，需要构建一套具有自主性的政治话语体系。在这个过程中，影响力深远的政治理论类图书将发挥关键作用，形成矩阵效应，让更多人了解中国文明主张的和谐共生，以及不同社会制度、不同发展水平国家共同发展的愿景，共同构建一个命运相连、休戚与共的现代化世界。

(2)学术研究类著作

学术研究，凭借其原理、原则和方式的普适性与共通性，使得基于这些共性的分析能够跨越国界，为海外读者所理解。当前，通过学术研究类著作深入阐释中国现象已成为一种潮流，这些作品不仅聚焦中国式现代化的理论基础、历史底蕴，还深入探讨其发展道路及前景展望。

近年来，基于中国实践提炼出的共同富裕论、人民至上论、自我革命论、美好生活论、命运与共论、守正创新论等学术观点，因其强大的解释力和前瞻性，为中国式现代化提供了系统、全面和前瞻性的分析。中外学者携手合作，共同讲好中国式现代化的故事，已成为出版界的一大亮点。

以《中华文明与中国共产党》为例，该书巧妙地将历史与现实、理论与实践相结合，深入探讨了中国共产党如何继承并发扬中华民族的文化传统。学术研究类著作在海外推广中取得了显著成效，如《中国震撼：一个"文明型国家"的崛起》一书已被美国华盛顿大学列为参考教材，进一步证明了中国式现代化的独特魅力和世界意义。

从共情的角度出发，外籍友华人士因其独特的文化视角和见解，与国外公众有着天然的亲近感，在讲述中国故事时具有得天独厚的优势。学术研究类著作在传播中国式现代化理念中应发挥关键作用，未来应继续聚焦中国式现代化发展中的重大问题，打破西方现代化模式的桎梏，构建基于中国实践、解释中国现象、造福世界的自主知识体系。这不仅体现了中国人民独特的精神世界，而且彰显了人类命运共同体的共通情怀，为世界发展难题提供中国智慧和中国方案，展现中国式现代化的世界价值和意义。

(3)大众生活类图书

大众生活类图书，凭借其贴近日常、通俗易懂的特性，成为连接普通民众与中国发展进步的桥梁。它们从生活的视角出发，用朴实的话语描绘中国的点滴进步，聚焦身边事，情系普通人，展现了"烟火气"与"人情味"。这种具象化的表达方式，有助于提升受众对抽象政治理念的认同度，特别是对于海外普通民众而言，能够帮助他们构建对中国式现代化的具象化认知。

以《我不见外：老潘的中国来信》为例，该书通过潘维廉先生在华20多年间写给家人的信件，跨越了时间的长河，展现了厦门乃至中国的变迁与发展。《泉州传：海上丝绸之路起点》以细腻的笔触，勾勒出了泉州这座世界遗产城市独特的历史风貌与现代气息。这些作品以丰富的内容、生动的叙述，通过普通人的故事，以小见大，反映了大时代的主题，展现了人性的光辉与时代的变迁。

当前，出版界在增强中国式现代化生活体验吸引力方面仍面临挑战。在全球化与现代化的浪潮中，我们需要深入了解海外受众的认知心理与接受习惯，实施分众化、差异化的传播策略。特别是在面向青年群体时，应充分考虑其独特的喜好、网络行为等，在叙事方式、文风及配图等方面做出创新，以满足他们的阅读需求。青年不仅是传播的受众，更是话语建构与传播的重要主体。

综上，从政治、学术、生活三个维度推进中国式现代化理念的对外传播，不仅全面展现了其多重面向，也充分发掘了出版的优势与潜能。这三个维度在实践中相互融合、互为补充，共同构建了一个立体、全面的中国式现代化理念的对外出版话语体系。面向未来，我们应进一步完善这一体系，以政治理论类读物为基准和方向，以学术研究类著作为新知与争鸣，以大众生活类图书为个性体验与可信表达，共同推动中国式现代化理念的国际传播。①

2.深耕内容生产，创新对外表达

在进行出版内容生产的时候，必须考虑受众的文化习惯、阅读偏好等，而对外出版的受众是来自不同国家和文化背景的人群，必须"量体裁衣"，根据具体情况制订不同的办法和目标，将出版工作和对外出版工程精细化。无论是初始时的目标制定、创作、翻译过程，还是后期的宣传和市场反馈，都要遵循这一原则。做到内容生产的精细化，能够更好地落实出版物本土化的要求，从而取得良好的效果和反馈，让中国声音有效传播到受众群体之中，达到塑造国家形象的目标。

① 池步云，王怡霖．中国式现代化理念对外出版话语体系建构的逻辑理路与实践进路：基于共情传播理论视角[J].科技与出版，2023(7):32-39.

(1)精细化体现在选题确定上

对外出版物的选题不仅要挖掘中国故事、中国风采,还要注重对海外题材的探寻,学术类、教育类出版物用海外本土事例可以达成更好的效果;大众类出版物选取合适的海外题材能够吸引读者阅读兴趣。同时,也要深入挖掘、广泛传播有"走出去"价值的选题。如今,"一带一路"合作伙伴与合作项目遍布全球,以"一带一路"国际合作为纽带,发展思路广泛对接、安全利益彼此契合、不同文化兼收并蓄的文明交融新格局正在形成。[①]在此基础上,不同国家间的出版社也在展开合作,进行各类出版交流活动。我国应当积极推动本国出版机构与海外出版机构的交流学习,共同探寻高需求、有价值的内容,依托"一带一路"沿线国家和地区拓宽出版市场。选用中国本土题材,需要找准我国文化与受众文化的相同点,以此为切口引发共情共振;选用海外题材,则要与中国建设和中国风范环环相扣,用本土化题材承载中国话语。语境的铺陈和叙事结构的展开要把握住中国与世界的密切联系,将创意策划、内容生产与用户体验相结合,这样才能提升出版产品的精准度、辨识度和接受度,从而切实增强出版"走出去"的实效性。[②]

(2)精细化体现在内容表达上

内容方面要注重表达方式的创新,将独具中国特色的思想和价值融入其中。可以从中华优秀传统文化入手,为中华民族特色和现代审美潮流搭建桥梁,以中国式现代化建设为主题发掘特色鲜明的出版资源,在其中明确体现中国特色发展道路和制度优势,以及社会主义核心价值观,注意表达方法要灵活,融入具体事例,切忌生硬地说教、灌输。同时,注重反映中国与外部世界的话语共同点、利益交汇点,体现爱情、亲情、友情等人类共同的情感,关注和平、发展、进步等全球共同的议题。[③]例如,《中国故事》通过真实案例讲述了"一带一路"倡议下中国与多国在基础设施建设、农业技术、文化交流等领域的合作成果,具体有《中国与土耳其的"造车之约"》《在坦桑尼亚,我们一起种玉米》《在南非讲述中国故事》等,展现了中国技术、中国方案在国际社会的积极影响,以及中国

---

① 许惟一.社科文献社:深耕学术出版　打造"一带一路"对外传播新矩阵[N].国际出版周报,2023-11-27(005).

② 刘蓓蓓.做深做实对外出版　创新拓展国际市场[N].中国新闻出版广电报,2022-06-24(001).

③ 蒋茂凝.促进对外出版贸易高质量发展的分析与思考[J].中国出版,2019(24):15-18.

人在平凡岗位上的奋斗与奉献。

(3)精细化体现在内容形式上

推动对外出版贸易产品由传统形态向数字形态转型,有效延伸出口产品产业链,不断丰富出口产品形态。[①]随着互联网的高速发展和普及,我国持续推进数字中国、网络强国建设,媒介融合的内涵与形式不断丰富,以数字出版物为代表的其他出版物也在迅速发展,出版业不能只局限于传统的出版形态。数字形态出版物具有调动多种感官、方便快捷、全面多样等独特优势,应当成为我国对外出版体系的开发重点。在国际出版领域,数字化阅读正迅速崛起,其背后是互联网技术的迅猛发展和移动终端的广泛普及。如今,手机阅读和电子阅读已成为人们日常不可或缺的阅读方式,这使得提高对对外出版数字化的重视度变得至关重要。我国已积极响应这一趋势,加速推进数字出版"走出去"战略。如2018年,相关部门在申报"走出去"项目中,特别强调了数字出版的同步开发,并鼓励探索音频传播等创新形式,以更好地融入国际市场。在内容生产上,我国致力于提供全类型、多终端适配的高品质内容。出版企业应紧跟数字出版产业链的新趋势,主动开发融合化、数字化的出版产品,利用数据优势精准满足受众需求,从而在知识服务、舆论引导、市场调研等方面实现高质量、高水平的国际传播。当然,传统出版物仍具有不可替代性,传统出版形式的出版"走出去"仍然是对外出版的重要领域,想要提升出版"走出去"的传播效果,就要实现多种出版形式并驾齐驱、混合发展。[②]

就山东友谊出版社引领文化数字化与出版"走出去"战略而言,该社积极响应国家文化数字化和出版"走出去"的号召,创新性地推出了数字尼山书屋项目,并将其中的"尼山馆藏"海外推广项目(简称"尼山馆藏")作为核心组成部分。经过不懈努力,2023年,"尼山馆藏"凭借其卓越的品质和深远的影响力,成功跻身中国图书海外馆藏影响力百强榜单,并获得数字出版精品遴选推荐计划入选资格及全国重点文化出口项目的殊荣。"尼山馆藏"项目通过数字化对出版产品进行精细加工,不仅极大地丰富了数字出版产品的样态,还显著增强了中华文化的感染力和国际影响力。自项目上线以来,其独特的文化魅力和高质量

---

① 蒋茂凝.促进对外出版贸易高质量发展的分析与思考[J].中国出版,2019(24):15-18.

② 张岩,裴永刚,彭佩瑶.中国出版"走出去"历程的回顾、反思与展望[J].出版广角,2021(23):41-45.

的内容吸引了全球读者的关注，成为中外文化交流和出版“走出去”的重要桥梁。目前，“尼山馆藏”已成为展示中国文化魅力和推动中外文化交流的一张闪亮名片。

3.深挖受众市场，实现内容对接

经过对海外图书市场的深入观察，我国在学术著作、汉语教材等领域的出版物竞争力亟待增强。然而，在大众类出版领域，特别是网络文学方面，我国取得了显著成果。此外，国家重点扶持的出版项目虽已有所成效，但仍存在若干问题。目前，出版项目以主题类图书为主，内容同质化现象较为明显，这在一定程度上限制了我国出版物在海外市场的发展潜力。

鉴于国家形象的多维性，资助图书的内容和选题同样应当体现这种多维性。不仅要从宏观层面塑造中国的国际形象，而且要从微观细节甚至非主流的角度展现中国的多元面貌。[①]构建一个全面、多维度的国家形象是我国对外出版的目标。为实现出版物的宣传效果，对外出版必须深入挖掘并满足目标受众的需求，以推动我国出版物在海外市场的进一步拓展。

(1)在选题上深挖受众需求

目前，我国出版物选题范围亟待扩大。我国的出版“走出去”相关项目工程在每年评选之时，都会指定范围和选题，一般涉及我国的大政方针、历史文化、经济发展等比较宏观的内容。[②]宏观和主流选题确实是展现我国大国风采的较好载体，但站在海外受众的角度，这些主题内容存在部分难以共情、兴趣缺乏等问题，因此需要用其他微观的、非主流的内容加以补充。比如，在海外中餐非常受欢迎，因此中国旅游、美食相关的出版物可以满足海外市场需求，而且能起到带动国外旅客来华旅游的辅助作用；中国的短视频平台抖音的国际版本在海外市场广受欢迎，微信等社交媒体也得到了海外关注，以中国网络文化、社交媒体文化等为主题的出版物也可以尝试。这些选题从生活细节入手，更容易让海外读者产生兴趣和共振，对于塑造丰富立体的国家形象很有帮助。

此外，在出版内容的创作上，我国出版机构应以文化接近性和文化差异性为重要原则。一方面，文化接近性理论认为，受众在媒介产品消费中倾向于接

---

① 戚德祥，方大军．新形势下出版国际影响力提升策略[J].出版参考，2021(6)：5-8+17.

② 许阳阳．出版“走出去”与国家形象建构研究：以“经典中国国际出版工程”(2018—2022)为例[D].广州：广东财经大学，2023.

受与自身文化、语言、历史和价值观等相近的媒介内容。[1]这就要求我国出版机构要重视内容建设。比如,“一带一路”沿线国家众多,各国文化和风俗等也各不相同,我国出版机构应在求同存异的基础上,挖掘“一带一路”沿线国家和地区人民的需求,开发相应的出版内容。我国一些少数民族与周边国家的民族尽管文字不同,但在文化、宗教信仰和生活习俗等方面基本相同,这降低了双方出版交流的障碍。[2]因此,我国民族地区的出版机构应利用好与“一带一路”沿线国家的文化接近性优势。例如,新疆人民出版社就以此优势向吉尔吉斯斯坦输出了当地人民熟悉的柯尔克孜族民族史诗《玛纳斯》,引起热烈反响。另一方面,出版机构也要重视文化差异性原则。随着“一带一路”倡议的深化,“一带一路”沿线国家和地区想要了解中国的诉求愈发强烈。正如阿联酋作家贾麦勒·夏西指出的,阿联酋图书馆和书店中的中国书很少,他们非常需要从各方面了解中国。[3]因而,我国出版机构在对外出版上应挖掘我国各个方面的素材,以充分的文化自信向世界讲好中国故事。

(2)在出版体系中深挖受众需求

从精准生产角度,要打造适应海外读者阅读和文化习惯的出版体系。[4]我国的对外出版体系建设,有了一定的进步和成就,但还存在着发展不均衡等问题,出版行业的头部单位在开展合作交流活动、打造精品出版项目、落实精细化生产等方面都走在前列,而相比之下其他出版机构仍有一定差距。要想克服出版物在海外“水土不服”的问题,达到均衡发展,就必须从出版体系建设上下功夫。每个出版机构、出版项目都要充分考虑受众需求和习惯,建设人才班子,达到创作、翻译、编辑俱佳的高质量团队。比如,在面向泰国出版时,就可以加入泼水节内容,或将热带水果元素融入其中,让当地读者感到亲切,让国际传播的亲和力和实效性得以提高。在内容建设方面深耕,让既反映中华民族优秀文化内涵又顺应时代发展,与世界潮流联系紧密的资源能够被创作出来,走上世界舞台。与此同时,建立世界视角、国际观念,做好前期海外市场调研工作和后期

① STRAUBHAAR J. Beyond media imperialism: assymetrical interdependence and cultural proximity[J]. Critical studies in mass communication,1991(1):39-59.

② 金强,闪晓宇.中国少数民族图书出版的问题及对策[J].长安大学学报(社会科学版),2015(2):92-98.

③ 罗兰.“我们渴望了解中国”[N].人民日报海外版,2017-08-25(07).

④ 许惟一.周青:创新对外文化传播模式　推动出版高水平“走出去”[N].国际出版周报,2023-10-16(007).

海外市场反馈收集工作，不断积累外向型选题资源，加强国际传播针对性，通过从内容到形式的本地化呈现，推动国际出版内容突破地域文化差异，引发海外读者共鸣。①

(3)在对外翻译中深挖受众需求

对外翻译是对外出版工作的重要形式，对外翻译的相关工作对于弘扬中华优秀传统文化具有重要价值。优秀的翻译作品、精准的翻译内容对于讲好中国故事，传递中国声音，弘扬中国精神有重要作用

首先，我国出版机构应善于依托中外图书互译计划、中华学术外译项目、中国当代作品翻译工程等翻译资助项目，加强与“一带一路”沿线国家和地区的出版机构的交流合作，推动出版翻译作品的海外传播。

其次，我国出版机构还可以通过培养对外出版翻译人才、组建跨国翻译团队等方式提高出版翻译质量，尽可能使译本在语言表达上更符合海外受众习惯，并准确传达好出版内容。同时，我国出版机构也可以直接邀请海外的专家学者，让他们以本国受众熟悉的语言和表达方式进行写作，增进海外受众的理解和认同。以丝路书香出版工程中的“外国人写作中国计划”为例，该计划已支持了百余位海外作者，出版了涉及19种国家语言的百余种图书。其中，印度汉学家狄伯杰的《中印情缘》、波兰汉学家卡伊丹斯基《我生命里的中国》等作品在海外获得很大反响。②

最后，在提升翻译精准度，提高翻译质量的同时，也要拓宽翻译的范围、语种，让世界更多国家和地区看到中国故事。“感动中国”人物故事、红色革命文化故事、非遗传承故事等都是对外翻译的优秀素材，于微观中展现中华文化的底蕴和魅力。我们不仅要做好我们希望传播的内容，也要做好世界关切的内容，5G、AI等新技术的发展，铁路、桥梁、卫星等基础设施建设成果，以及独具特色的文旅美食等内容，都是备受国际社会关注的内容，应该得到对外传播的机会。

(4)在观念原则中深挖受众需求

在内容的选择与塑造中，对外出版需根植人类命运共同体的理念，聚焦全人类共同关切的事件与共享的价值观念。面对全球化不可逆转的潮流，各国与

① 许惟一.周青:创新对外文化传播模式　推动出版高水平“走出去”[N].国际出版周报，2023-10-16(007).

② 章宏，林慧冰.“一带一路”视角下对外出版话语体系的构建路径[J].出版广角，2020(10):24-27.

各民族的命运交织成一幅紧密相连的画卷。中国始终倡导构建人类命运共同体，这一理念同样指引着我国对外出版体系的建设方向。

中国的历史长河中，蕴藏着丰富的文化脉络和无数英雄豪杰的事迹，这些故事所体现的品质和价值，如坚定信念、艰苦奋斗、实事求是、勇于创新、依靠群众和勇于胜利，不仅为中华民族提供了宝贵的精神财富，而且为世界传递了积极向上的正能量。[①]

这些品质的力量，不仅能激励中华民族不断前行，而且能促进中国与世界的文化交流与互鉴，在精神文化层面构建更为紧密的联系，共同迈向人类命运共同体的美好未来。

二、复制环节

对外出版体系的搭建除了编辑环节，复制环节也是十分重要的。纸质出版物的印刷、配套光盘的压制、电子资源的下载等，都是这一环节的组成部分。出版物的复制工作一定程度上代表其“门面”，良好的创意设计、印刷技术和装帧加工质量可以为出版物精良的内容锦上添花，给读者带来良好的阅读体验。下文将重点介绍我国对外出版体系中复制环节的创新路径。

1. 坚持工匠精神，保证印刷质量

(1)印刷质量严格要求

虽然图书的印刷工作看似简单，但对于技术是有严格要求的。印刷工作的组织和相关工作人员都必须坚持工匠精神，将这一环节落实好、落实精，打造中国印刷品牌。

中国出版政府奖中的印刷复制奖评委曾对印刷单位提出重视细节的要求，应当做到书内不出现墨点、纸毛、墨印等瑕疵，提高印刷质量标准，精益求精。从文字质量来看，国际上最佳的文字质量要求：一是必须不能有的物理缺陷，包括模糊破损的笔画、白点边缘不清、文字密度不高发灰或是密度太高、笔画边缘有滋影。[②]我国印刷业应当朝着国际最佳的方向努力，在纸张选择、密度控制、字体设置等各个方面都要下功夫，让读者拥有更佳的阅读体

① 李小春.红色文化对外翻译出版：意义特征、挑战及优化策略[J].中国出版，2024(1)：57-60.

② 中国出版政府奖(印刷复制奖)[J].中国印刷，2017(1)：32-33.

验。从图像质量来看，当前国内外对高质量图像印刷的要求是：精细的细节再现、完整的阶调再现、逼真色彩再现。[①]这就要求各印刷单位配备相关的先进技术以及质量上乘的印制材料，协调运用各种色彩，呈现鲜明丰富的图像质感。印刷工作整体的统筹和前后期相关工作的开展也不容疏忽，环环相扣的各个阶段决定着最终的印刷效果。针对印刷行业现有的不足之处和可能出现的意外情况，需要根据实际情况制定合理的、有效的解决措施。只有将复制环节中的每一个小步骤都做精、做好，我国的对外出版体系建设才能在新时代焕发新生机。

(2)印刷环节融入整体

图书出版是一个紧密相连、协同作业的体系，各个环节彼此依存，不可孤立看待。确保印刷品质上乘，关键在于图书前期的精心策划与排版。例如，对于使用展开度不高的装订方式的图书，应合理减少跨页接版图片的数量，以避免过度追求设计新颖而损害图书的质量和读者的阅读体验。

当设计中包含考验印刷技术的元素，如跨页接版图片时，印刷单位需特别留意，通过专业的接图处理，即确保靠近书脊处的图片在左右两侧拥有适当的重叠部分，以保障装订成书后图像的连续性。[②]这种对细节的精确把控，将直接影响出版物的整体质量和读者的阅读感受。

因此，相关出版机构必须高度重视这些看似微小的环节，坚持工匠精神，确保每一个细节都达到精益求精的标准，为读者呈现高质量的阅读产品。

(3)印刷技术创新升级

技术的创新升级也是保证出版质量的重要路径。新媒体时代，印刷工艺和技术也逐渐转向智能化、数字化，呈现新的生机。CTP(计算机直接制版)印刷方式是一种直接制版去胶片化的印刷方式，具有绿色环保、效率高、质量好等优势。因为采取计算机技术进行制版工作，所以相较而言降低了生产成本，也节省了相关资源。电脑在控制能力、画面整洁程度、晒版效果呈现等方面都胜于传统方式，这使得印刷质量得到保证。

除印刷工作本身需要的技术外，操控印刷设备的智能中枢技术也是至关重要的。北京北大方正电子有限公司研发的软件体系就是这类生产工具。研发

---

① 中国出版政府奖(印刷复制奖)[J].中国印刷，2017(1)：32-33.

② 杨凡，徐江欣.设计与印刷：出版业务链视角下的图书呈现：以接版图设计制作为例[J].北京印刷学院学报，2024(1)：46-52.

过程中重点聚焦以下目标：一是用AI等技术、大数据重塑数字文件加工与检测系统，极大程度上减少印刷事故出现的可能；二是以数字印刷、喷墨印刷为基础，建设智能化的高品质、高性能的印刷生产线；三是以国产化安全生产为基础，增强自主可控，满足涉密领域关键性的排版、打印、印制的应用需求。[①]这类软件从整个印刷生产线层面进行了资源利用最大化的提升，并保障了CTP技术、高速喷墨技术等印刷工艺的性能要求。

(4)印刷安全严格保障

印刷业不仅要坚持工匠精神，还要坚守印刷工作的安全要求，履行好相关责任。

以《人民日报》的印刷工作为例。《人民日报》的出版印刷工作是党中央机关报工作重要组成部分，事关意识形态安全，事关壮大主流舆论阵地。[②]作为中国在境外发行量最大的综合性报纸，《人民日报》的印刷质量一定程度上代表着国家文化形象。因此，其印刷工作带有政治属性和政治责任，需要报社相关部门以及承印单位共同努力。保障印刷安全，既要事前预防检查，也要做好事后的及时应对处理，落实常态化安全检查，对于可以预料的问题和困难做好完备的解决方案，对于未知风险以完备的布局加以应对。从2019年起，《人民日报》采用全彩印印刷，得到读者的好评，但同时也存在透印、印力不足等印刷质量问题，这对于我国的党中央机关报、第一大报来说是必须解决的问题。报社高度重视这一不足，在各地多个承印单位开展调查，提出了根据各单位具体情况的有针对性的解决措施。

相比于纸质图书的印刷工作，数字出版物的复制环节更加简单，具有操作便捷、节约资源等特点，但如此简单的复制方式会伴随着盗版泛滥、版权保护不力等问题。我国目前已经针对数字出版进行了相关规定，《专业知识资源权利描述》《智媒体电子书存储格式要求》《数字版权保护可信计数技术规范》等标准都是对数字出版复制环节的科学规范。

2.完善配套服务，延长产品服务链

印刷工作的开展同样需要完善的产业链、服务链。

我国为了提高出版印刷行业整体质量，促进行业发展，由中国新闻出版传

① 卢秀琴.方正硬核软件技术助力印刷出版高质量发展[J].印刷工业，2023(4):28-30.

② 童俊峰.履行政治责任，高质量做好人民日报出版印刷工作[J].新闻战线，2023(17):12-14.

媒集团有限公司联合地方行业主管部门主办了中国出版印刷者大会作为行业单位和人员交流的平台。该大会贯通出版印刷产业链，推动行业融合发展，集聚行业翘楚、专家学者，汇聚出版印刷全产业链智慧，共同把脉产业融合发展大势，引发业界广泛关注和高度评价。[①]大会站位高，规模大，具有权威性、前瞻性。截至2023年大会已举办五届，各地各单位积极响应，针对合作机会、机制模式、短板问题等方面展开深入交流探讨。大会参与单位不乏对外出版物的承印单位，这对于提升我国对外出版的印刷质量有重要意义。

创新路径还体现在配套外围服务的完善。以对外出版的汉语教材为例，人教社作为对外教材出版大社，根据海外汉语学习者的具体需求，与国家汉办考试处、汉考国际共同制定了系统性、全方位的推广营销方案。在新媒体时代，互联网高速发展，教材使用者的需求也越发个性、多元，在这一背景下人教社放眼整个市场，在发行出版物的同时通过多种形式、各个方位的外围措施进行进一步服务，如海外汉语教师和志愿者的培训服务。汉语教材的使用者除了学习者，还有授课教师，教材效果是否能达到预期、海外推广程度是否足够广泛与教师的授课水平及其对教材的理解水平有很大关联。因此，相关的培训是提升教学效果的有效措施。人教社和汉考国际合作，2017年上半年赴全国12个国际汉语教学基地进行了26场汉语志愿者岗前培训，共培训近4000人。这类项目教师和志愿者们系统地介绍了汉语教材的使用方法、结构框架、教授思路等。为提升培训效果以长效促进配套外围服务的完善，做好营销策略也是助力延长服务产业链的关键一环。一方面，巧妙运用微信平台，为每一场志愿者培训建立微信群，并指派专业人员进行日常的维护与管理，这不仅有利于收集全球各地外派志愿者信息，有针对性地指导以提升教学效果，而且有利于实现与志愿者们的即时互动，紧扣志愿者的实际需求，从教学指导、汉语知识普及、资源分享到信息速递等多个维度进行定期推送。同时，积极利用网络平台，如人教社官网、出版社国际汉语资源网、汉语考试服务网等，及时发布最新信息并更新相关资源。以人教社为代表，不少出版社不断探索创新，尝试使用网络远程培训、建设配套数字多媒体资源、开展参与式工作坊等形式，力争为用户提供更全面、

① 王勤，祝小霖.赴出版印刷之约　襄产业融合盛事[N].中国新闻出版广电报，2023-11-15(T01).

深入的学习解决方案。[①]此外，响应新时代人文社科发展的新趋势，在“一带一路”倡议下，加强现有资源整合，从延长服务链的角度出发，积极构建出版新体系，并借力先进的数字技术打造多形态数字化产品和服务，进一步提升用户体验。

根据人教社的相关创新经验，可以发现创新路径的逻辑是一致的。目前我国正面对世界百年未有之大变局，对外出版是我国优秀文化传播交流的重要渠道。新媒体时代下我们不仅要重视对外出版发行的载体形式问题，更要注重相关的配套服务设施。这其实和对外出版理念的“以人为本”思想一脉相承，人文主义思想是我们出版事业的核心，因此不仅要做好硬件工作，更要做好软件工作，让中华优秀的传统文化在对外出版的过程中，“软硬兼施”走出独特的风格和发展路径。

三、传播环节

在传播学领域中，传播就是一个系统（信源）通过操纵可选择的符号去影响另一个系统（信宿），这些符号能够通过连接它们的信道得到传播，以达到信息交流和共享的目的。[②]因此在传播环节中，要注重其对对外出版所产生的相关影响，并以此为路径不断完善对外出版体系，不断拓宽贸易市场。同时采用新颖多样的传播形式，迎合海外受众的兴趣，使我国对外出版的传播渠道更加通畅，拥有更广阔的传播市场，并在此基础上产生更加良好的传播效果。因此，需要从以下两个方面着手从传播环节提升我国对外出版影响力。

1.创新传播体制，拓宽贸易市场

在全球化的时代背景下，对外出版不仅承载着文化传播的使命，更是国家软实力和国际影响力的重要体现。为了更有效地推动中华文化走向世界，我们必须以创新国际传播体制和拓宽贸易市场为路径，构建新型对外出版体系。

（1）创新国际传播体制

创新国际传播体制就是要求我们能够打破传统框架，塑造全新格局。

第一，要重视多元传播主体的培育。传统的对外出版往往依赖官方的出

① 赵晓非，张君．人教社对外汉语教材研发出版工作的发展和创新[J].出版参考，2017(10)：17-20.

② 陈道德．传播学教程[M].武汉：武汉测绘科技大学出版社，1996.

版机构，这在一定程度上限制了出版内容的多样性和市场的灵活性。面对全球传播困境，增强区域性传播议题设置。目前，“一带一路”建设已经从“大写意”进入“工笔画”阶段，出版“走出去”也由“走出国门”过渡到“落地生根”的新目标。因此，我们需要鼓励和支持更多的民间出版机构、文化企业和个人参与到对外出版的行列中来，形成多元传播主体，从而丰富出版内容，提高市场竞争力。

第二，要创新传播方式和手段。随着信息技术的迅猛发展，我们应该充分利用互联网、社交媒体等新兴传播渠道，实现对外出版内容的快速、广泛传播。数字化通信技术的快速发展为我国国际传播的“一国一策、一书一策”的策略转向提供了技术支持，为出版“走出去”的平台搭建、营销渠道、国际合作等方面提供了新的空间，构建出版“走出去”数字平台不仅顺应时代潮流，还具有低成本、高便捷性的优点。我国在出版“走出去”过程中，可以通过构建多功能的网上国际营销平台系统，实现数字出版、数字资源服务、版权贸易、网络营销的一体化发展。[①]在数字化浪潮下，我国出版机构应善用区块链、5G通信、大数据和人工智能等新技术，争取以数字化出版的先发优势弥补在传统出版市场的后发劣势，实现弯道超车。对此，出版机构应不断提高数字化出版能力。例如，疫情期间，新星出版社出版的抗“疫”主题图书《站在你身后！——从特拉维夫到黄冈的384小时》就在亚马逊Kindle、掌阅iReader等数字化平台与海外读者见面，体现了数字化出版的速度与效率。同时，出版机构还可以通过对接数字化出版技术平台、自主打造全球化数字化平台等方式在数字化出版市场中占据一席之地。例如，五洲传播出版社就针对“一带一路”沿线的阿拉伯地区研发了“that's books”的阿拉伯语电子阅读平台。该平台现已成为阿拉伯地区拥有电子书品种最多的数字阅读平台。专注于数字阅读的掌阅科技股份有限公司尤其注重对“一带一路”沿线国家和地区市场的布局，不断向海外用户提供中华文化的优质内容。同时，结合大数据分析、人工智能等技术手段，精准定位目标受众，提供个性化的出版产品和服务，以满足不同国家和地区读者的多样化需求。

第三，要加强国际出版合作与交流。通过与国际知名出版机构建立长期稳定的合作关系，共同策划和推广中国主题出版物，不仅可以拓宽我们的传

① 张岩，裴永刚，彭佩瑶．中国出版“走出去”历程的回顾、反思与展望[J]．出版广角，2021(23)：41-45．

播渠道，还能借助他们的专业经验和市场资源，提升中国出版物的国际影响力，实现立体化的出版传播渠道建设。我国出版机构要从多方面拓宽出版渠道。一方面，出版机构可以通过“借船出海”“买船出海”和“造船出海”的组合方式丰富对外出版形式。首先，出版机构可以采取与海外出版社合作的“借船出海”策略。例如，中国人民大学出版社通过与哈萨克斯坦、吉尔吉斯斯坦等“一带一路”沿线国家的出版机构合作，翻译和出版了一批优秀图书，进入当地主流图书市场。其次，出版机构可以采取投资或并购海外出版机构的“买船出海”策略。例如，中国科技出版传媒股份有限公司收购法国科学出版社（EDP Sciences）100％的股权。此次收购是中国科技出版传媒股份有限公司实施国际化战略的重要一步，也是其推动世界一流科技期刊建设的重大创新举措。最后，出版机构还可以采取设立海外分支机构的“造船出海”策略，实现出版物的本土化传播。我国出版机构在“一带一路”沿线国家和地区已新成立分支机构20家，并以这些分支机构为我国对外出版的支点向周边区域扩散，逐步开拓“一带一路”沿线市场，扩大我国对外出版的影响范围。另一方面，出版机构积极参与国际出版交流活动，通过“在地化”推广活动提升对外出版的国际影响力，如国际书展、版权贸易洽谈会等，以展示中国出版的最新成果，吸引更多的国际合作机会。首先，我国出版机构海外分社应充分发挥本土优势，借助举办学术交流活动和特色节日活动的形式，增进当地人民对我国以及我国出版机构的了解。其次，我国出版机构还应利用“一带一路”沿线国家国际书展的机会，如博洛尼亚书展、开罗国际书展等，展示和宣传我国出版的特色和魅力。最后，我国出版机构也可以与“一带一路”沿线国家相关机构展开合作。例如，我国美术类出版社可以与沿线国家的艺术机构合作，将国内优秀的艺术品拿到国外展览、拍卖；医学类出版社可联合中医药企业，与沿线国家合作建设中医药合作示范基地，推广中医药最新研究成果等。由此，我国出版机构能在与“一带一路”沿线国家文化交流的过程中加强自身的话语感召力和影响力。①

(2)拓宽国际贸易市场

拓宽国际贸易市场是指挖掘潜力，开拓新领域。在全球化的大背景下，拓宽国际贸易市场不仅意味着寻找新的经济增长点，更是推动文化交流和互鉴的

---

① 章宏，林慧冰.“一带一路”视角下对外出版话语体系的构建路径[J].出版广角，2020(10)：24-27.

重要途径。在出版领域,要实现这一目标,需从以下几个方面着手。

第一,深入市场调研,精准定位。要成功进入国际市场,深入的市场调研至关重要。以人民教育出版社为例,他们通过细致的市场调研,深入了解不同国家和地区的文化差异、消费习惯、阅读需求。基于这些调研结果,人民教育出版社针对不同市场推出了符合当地读者要求的汉语教材,如《快乐汉语》,教材因其高度的适应性和实用性,在全球范围内广受好评,有效提高了市场占有率。

第二,拓展出版物种类和形式。在出版物种类和形式方面,对外出版需要紧跟时代潮流,不断推陈出新。除了传统的纸质出版物外,还应积极探索电子书、有声读物、多媒体互动出版物等新型出版形式。比如,出版机构可通过建立统一的对外出版平台等方式,整合国内优质出版资源,实现资源共享、信息互通和协同创新,不仅为中国出版机构提供从内容策划到市场推广的全链条服务,还通过电子书、有声书等新型出版形式,为海外读者提供更加便捷、丰富的阅读选择。

第三,加强版权保护和贸易。版权是出版业的核心资产,加强版权保护和贸易对于维护市场秩序、推动产业发展具有重要意义。需要建立健全的版权保护机制,严厉打击盗版和侵权行为,为对外出版创造良好的市场环境。同时,积极开展版权贸易活动,将中国优秀的出版物推向国际市场,实现版权的国际化运营和收益的最大化。例如,近年来,中国出版集团积极参与国际书展和版权贸易活动,成功将《红楼梦》《西游记》等经典文学作品推向国际市场,不仅提升了中华文化的国际影响力,而且为出版集团带来了可观的收益。

第四,加强人才队伍建设。人才是出版业发展的关键因素。我们需要重视对外出版人才的培养和引进工作,建立一支具备专业素养和国际视野的出版团队。通过定期的培训和实践锻炼,不断提升他们的业务能力、创新思维和国际沟通能力,为对外出版体系的建设提供有力的人才保障。

以创新国际传播体制和拓宽贸易市场为路径来构建新型对外出版体系是一个系统工程,需要政府、出版机构、社会各界共同努力。通过整合资源、创新机制、拓宽市场等多方面的举措,可以推动中国出版物更好地走向世界舞台的中央,为国际文化交流与合作贡献更多的中国智慧和中国方案。

2.创新传播形式,对标受众兴趣

在全球化日益加速的今天,对外出版作为国家文化软实力的重要体现,其重要性不言而喻。随着信息技术的飞速发展,人们的阅读习惯和信息获取方式发生了翻天覆地的变化。传统的纸质出版物虽然具有独特的韵味和价值,但在传播速度、互动性和便捷性方面已无法满足现代受众的需求。然而,传统的对外出版方式往往局限于纸质书籍和固定的内容形式,难以充分吸引和满足国际受众的多样化兴趣。因此,创新传播形式,对标受众兴趣,成为促进对外出版体系创新的关键所在。通过创新传播形式,对外出版可以更好地适应受众的阅读习惯,提高出版物的吸引力和传播效果。

了解受众的兴趣爱好是创新对外出版体系的基础。不同国家和地区的受众具有不同的文化背景、价值观念和阅读习惯,因此,对外出版必须充分考虑受众的差异性,精准对标受众兴趣。只有深入了解受众的需求和喜好,才能创作出更符合他们兴趣的出版物,从而提高出版物的市场接受度和影响力。

具体的实践过程有以下几种方式。第一,多媒体融合出版。利用数字技术将文字、图像、音频和视频等多种媒体形式进行有机融合,创作出丰富多样的出版物。这种多媒体融合出版方式能够充分满足受众对多元化信息的需求,提高出版物的趣味性和互动性。第二,社交媒体传播。充分利用社交媒体平台的广泛覆盖性和高度互动性,将出版物内容与社交媒体相结合,实现快速传播和广泛共享。通过社交媒体,可以及时获取受众的反馈和建议,从而不断优化出版物内容和形式。第三,定制个性化出版服务。根据不同受众群体的兴趣和需求,提供定制化的出版服务。例如,针对儿童受众,可以推出图文并茂、寓教于乐的童书;针对学术研究者,则提供深入专业的学术著作。定制化出版能够更精准地满足受众的需求,提高出版物的针对性和实用性。第四,互动式阅读体验。通过增强现实(AR)、虚拟现实(VR)等技术手段,为受众提供沉浸式的阅读体验。这种互动式阅读方式能够让受众更加深入地了解出版物的内容,提高阅读的趣味性和参与度。

除此之外,还有其他一些因素不可忽视。首先,要加强市场调研。定期对国际出版市场进行深入调研,了解受众的阅读习惯、兴趣爱好和消费需求,为创新传播形式和对标受众兴趣提供数据支持。强化技术支持,积极引进和应用先进的数字技术、多媒体制作工具,提高出版物的制作水平和传播效果。其次,要培养专业人才。加大对外出版人才的培养力度,提高他们的专业素养和创新能力,为创新传播形式和对标受众兴趣提供人才保障。最后,要加强国际合作与交流。积极与国际出版机构开展合作和交流活动,共同推动创新传播形式的发展和应用，提高中国出版物的国际影响力。

创新传播形式和对标受众兴趣是促进对外出版体系创新的关键所在。通过多媒体融合出版、社交媒体传播、定制化出版和互动式阅读体验等创新手段，对外出版可以更好地满足受众的多样化需求，构建一个更加开放、多元和创新的对外出版体系，提高出版物的吸引力和传播效果，推动中华文化更好地走向世界。

第六章 结 语

在新媒体的浪潮中,我国迎来了前所未有的发展机遇,同时也开辟了我国对外出版事业的崭新视野。面对新时代的使命,我们必须既保持清醒的认知,又展现积极的应对姿态。自古以来,中国在全球舞台上享有深远而持久的国际影响力,这使得我国不可能游离于国际机制与规范之外。然而,当前国际社会对中国的认知仍受限于陈旧的刻板印象,这无疑削弱了我国在国际舞台上的影响力和话语权。因此,转变西方国家对中国的固有观念成为一项紧迫的任务。

在全球化的大潮中,国际舆论环境对国家的建设与发展具有举足轻重的意义。只有准确把握舆论脉搏,才能为我国未来的建设与发展奠定坚实基础。当前,国际社会中国家利益博弈日益激烈,国家形象在战略目标的实现过程中愈发关键。重塑正面的国家形象已成为各国共同关注的焦点。通过多元化的视角,深化国际社会对中国的理解和认识,真实展现我国所倡导的理念和主张,树立积极向上的国家形象,不仅有助于提升我国在国际上的影响力,巩固我国在国际舞台上的合法地位,更是凝聚国内人心、降低国际交流与合作成本的关键。

虽然我国出版业已达到一定规模,但在全球范围内,我国尚未跻身真正的出版强国之列。国际出版市场竞争异常激烈,我国出版业仍存在诸多薄弱环节。例如,在国际出版合作中,中国文化产品的出口与引进存在显著的不平衡,出版物在品类和规模上亦有所欠缺。此外,在合作经验、模式以及人才储备方面,我国亦明显落后于国际水平。与出版业发达的国家相比,我国的图书出版行业尚处于起步阶段。因此,如何有效应对国际出版市场的激烈竞争,成为我国出版业亟待解决的问题。同时,出版人员应不断探索新途径,推动中国主题图书在海外市场的传播,从而推动我国对外出版事业的发展。通过出版和推广中国主题的图书,让世界更深入地了解中国,进一步推动中华文化的国际传播与交流。

本书积极回应新媒体时代的时代命题,以中国对外出版体系为切入点,基于新媒体时代特色分析中国对外学术类、教育类和大众类三种出版体系的演化规律,对其进行全面阐释。同时本书提出了新媒体时代中国对外出版体系的构建范式:面向学术类、教育类和大众类出版体系,基于“政府—机构—公众”的主体协同,形成涉及全产业链“生产(编辑)—复制(印刷)—传播(发行)”三环节的体系范式。同时运用大数据分析工具,通过融合传播学、出版学、管理学和经济学等多学科理论和方法,探索跨学科的对外出版体系研究新领域。

最终得出的研究结果有:一是探索中国对外出版体系建设和创新的精细化。通过对中国对外学术类、教育类和大众类细分领域的出版体系理论和实践探索,为构建中国对外出版体系建设和创新提供精细、高效手段。二是探索多主体协同建设和创新中国对外出版体系的模式。本书统筹政府部门、出版机构和社会公众三类出版业参与主体,分析其在对外出版体系建设和创新中的结构、行为及作用。三是探索涵盖全产业链的中国对外出版体系建设和创新路径。从“生产(编辑)—复制(印刷)—传播(发行)”环节出发,涵盖整个产业链的建设和创新路径,这样更全面、更科学。

出版产业作为国家发展的重要支撑,其兴衰与国家的发展态势紧密相连。在当今世界风云变幻、历史格局不断重塑的背景下,我国出版业作为国家文化传播的支柱之一,更需肩负起时代的重任,勇敢探索对外出版的新格局。对外出版不仅是连接我国出版事业与国际发展的桥梁,而且是传播中华优秀文化、推动中国文化“走出去”的重要载体。本书致力于构建一个符合时代要求的对外出版体系,旨在推动我国对外出版事业的规范化、专业化发展。在此过程中,本书积极探索我国对外出版的创新路径,从内容创新、模式创新到市场创新,全面提升我国出版业的国际竞争力。期望为我国对外出版事业提供具有实际操作性和指导意义的建议,助力中国文化更好地走向世界,展现其独特的魅力和价值。

附录　出版“走出去”重大项目说明（2019—2023年）

出版“走出去”是实现我国文化“走出去”、提升我国国际传播能力的重要途径。图书对外出版政策包含了一系列支持图书对外出版的政策项目。如附表1所示，根据搜集到的数据，目前共出台实施了18个与推动出版“走出去”相关的政策项目，涉及图书对外翻译出版资助、出版发行渠道拓展等方面。《出版业“十四五”时期发展规划》锚定亚洲经典著作互译计划、对外翻译出版工程、中国出版物国际营销渠道拓展工程和国际出版版权数据库建设等四大出版“走出去”工程。其中，经典中国国际出版工程、丝路书香工程等对外翻译出版工程是出版界业已实施多年的传统对外翻译出版工程项目。

截至2023年，本书结合资料的可得性、完整性和关联性，附加了经典中国国际出版工程、丝路书香工程、中华学术外译项目和图书版权贸易等四个方面我国的出版“走出去”情况。

附表1　近年来我国出版“走出去”重大项目统计

类型	项目名称	起始年度	“十四五”规划情况
工程	中国图书对外推广计划	2006	沿用
	中外图书互译计划	2008	沿用
	经典中国国际出版工程	2009	沿用
	中华学术外译项目	2010	沿用
	中国出版物国际营销渠道拓展工程	2010	—

续表

类型	项目名称	起始年度	“十四五”规划情况
工程	中阿典籍互译出版工程	2011	—
	重点新闻出版企业海外发展扶持计划	2012	—
	中国当代作品翻译工程	2013	沿用
	“丝路书香工程”重点翻译资助项目	2014	沿用
	图书版权输出奖励计划项目	2014	—
	特殊管理股制度试点项目	2015	—
	图书“走出去”基础书目库	2017	沿用
	亚洲经典著作互译计划	2019	新增
	国际出版版权数据库建设项目	—	新增
活动	北京国际图书博览会	1986	沿用
	中国图书春节联展活动	2010	沿用
	“中国书架”活动	2016	沿用
	东南亚中国图书巡回展	2017	沿用

资料来源:《新闻出版业“十三五”时期发展规划》《出版业“十四五”时期发展规划》及网络资料。

一、经典中国国际出版工程

“经典中国国际出版工程”是国家新闻出版署为有效推动中国图书“走出去”而继续组织实施的一项重点骨干工程,重点推荐学术、文学两方面的经典著作,旨在鼓励和支持体现国家意志、代表国家水准、传承中华文明、反映时代风貌、适于国际传播的外向型优秀图书选题的翻译和推广出版。

依据数据可得性,依据经典中国国际出版工程2019年、2020年、2021年、2023年四年的项目公示名单,整理汇总出该工程资助项目数量、出版单位及图书数量、外译语种及立项数量、图书主题情况(见附图1—附图3、附表2—附表4),其中2022年部分数据暂且缺失。以下数据仅作参考。

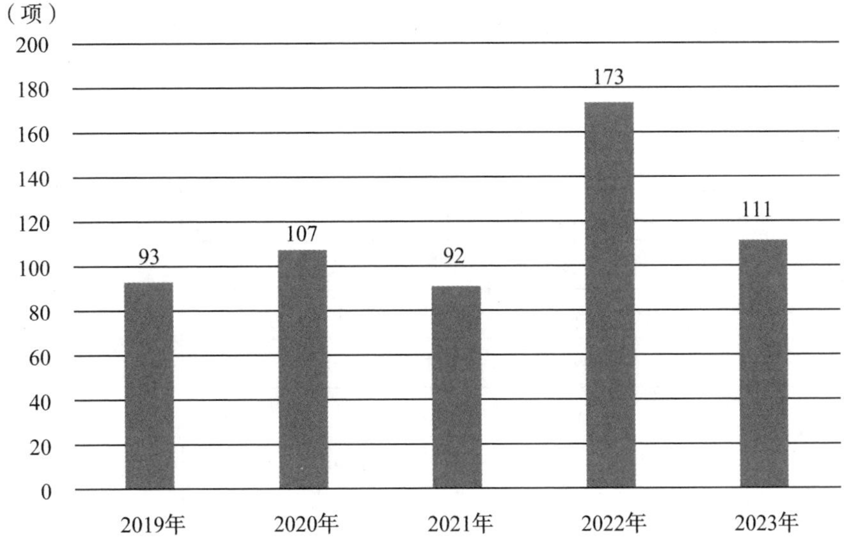

附图1　2019—2023年经典中国国际出版工程资助项目数量

资料来源:2019—2023年经典中国国际出版项目立项名单。

附表2　2019—2023年经典中国国际出版工程获资助出版单位及图书数量

单位:项

排名	获资助单位	获资助图书数量
1	社会科学文献出版社	21
2	人民出版社	18
3	五洲传播出版社	18
4	中国社会科学出版社	18
5	中国人民大学出版社有限公司	15
6	上海交通大学出版社有限公司	10
7	新星出版社	10
8	中国科技出版传媒股份有限公司	10
9	北京出版集团有限责任公司	9
10	北京师范大学出版社(集团)有限公司	9
11	中信出版集团股份有限公司	7

续表

排名	获资助单位	获资助图书数量
12	商务印书馆	6
13	北京大学出版社	6
14	人民邮电出版社有限公司	6
15	接力出版社有限公司	6
16	江苏求真译林出版有限公司	6
17	江西教育出版社有限责任公司	5
18	经济科学出版社	5
19	北京语言大学出版社有限公司	5
20	天津人民出版社	5
21	人民文学出版社	5
22	明天出版社有限公司	5
23	外语教学与研究出版社有限责任公司	5
24	中国少年儿童新闻出版总社	4
25	上海人民出版社有限责任公司	4
26	山东美术出版社有限公司	4
27	山东教育出版社有限公司	4
28	浙江大学出版社有限责任公司	4
29	人民日报出版社有限责任公司	4
30	高等教育出版社有限公司	4
31	四川人民出版社有限公司	4
32	长江少年儿童出版社(集团)有限公司	4
33	清华大学出版社有限公司	3
34	华语教学出版社	3
35	大象出版社有限公司	3
36	中华书局有限公司	3
37	江苏译林出版社有限公司	3
38	浙江少年儿童出版社	3

续表

排名	获资助单位	获资助图书数量
39	长江出版社	3
40	中国农业出版社有限公司	3
41	江西人民出版社有限责任公司	3
42	江苏凤凰美术出版社	3
43	百花洲文艺出版社有限责任公司	3
44	山东文艺出版社有限公司	3
45	重庆出版传媒股份有限公司	3
46	人民卫生出版社有限公司	3
47	电子工业出版社有限公司	3
48	浙江人民出版社有限公司	3
49	人民东方出版传媒有限公司	2
50	生活·读书·新知三联书店	2
51	中华出版促进会	2
52	湖南文艺出版社有限责任公司	2
53	中译出版社有限公司	2
54	浙江文艺出版社	2
55	中国教育图书进出口有限公司	2
56	春风文艺出版社有限责任公司	2
57	朝华出版社有限责任公司	2
58	安徽少年儿童出版社	2
59	法律出版社有限公司	2
60	中国经济出版社	2
61	中国中医药出版社有限公司	2
62	复旦大学出版社	2
63	湖北教育出版社	2
64	湖南岳麓书社有限责任公司	2
65	陕西师范大学出版总社有限公司	2

续表

排名	获资助单位	获资助图书数量
66	海洋出版社	2
67	浙江科学技术出版社有限公司	2
68	浙江教育出版社集团有限公司	2
69	上海科学技术出版社有限公司	2
70	科学出版社东京株式会社	2
71	中央编译出版社	2
72	山东科学技术出版社有限公司	2
73	百花文艺出版社(天津)有限公司	2
74	广东新世纪出版社有限公司	2
75	江苏凤凰科学技术出版社有限公司	2
76	党建读物出版社	2
77	北京十月文艺出版社	2
78	陕西人民出版社有限责任公司	1
79	辽宁人民出版社有限公司	1
80	格致出版社	1
81	香港三联书店	1
82	美国时代华语出版公司	1
83	上海辞书出版社	1
84	山东人民出版社有限公司	1
85	湖南大学出版社	1
86	山东友谊出版社有限公司	1
87	陕西三秦出版社有限责任公司	1
88	安徽文艺出版社	1
89	ACA Publishing Ltd.	1
90	二十一世纪出版社集团有限公司	1
91	中国和平出版社有限责任公司	1
92	研究出版社	1

续表

排名	获资助单位	获资助图书数量
93	北京时代华语国际传媒股份有限公司	1
94	华东师范大学出版社有限公司	1
95	中原农民出版社	1
96	湖南人民出版社有限责任公司	1
97	中国轻工业出版社有限公司	1
98	北京日报出版社	1
99	人民美术出版社	1
100	江西高校出版社有限责任公司	1
101	现代出版社有限公司	1
102	河南人民出版社有限责任公司	1
103	现代教育出版社有限公司	1
104	北京少年儿童出版社	1
105	内蒙古人民出版社	1
106	广东新世纪出版社有限公司	1
107	人民交通出版社股份有限公司	1
108	河南文艺出版社	1
109	中国民主法制出版社有限公司	1
110	文物出版社有限公司	1
111	中国广播影视出版社有限公司	1
112	中国科学技术出版社有限公司	1
113	中国科学技术大学出版社有限责任公司	1
114	上海译文出版社有限公司	1
115	长江文艺出版社有限公司	1
116	云南大学出版社有限责任公司	1
117	西安交通大学出版社有限责任公司	1
118	南京大学出版社有限公司	1
119	海燕出版社有限公司	1

续表

排名	获资助单位	获资助图书数量
120	河南科学技术出版社有限公司	1
121	湖南少年儿童出版社有限责任公司	1
122	湖南科学技术出版社有限责任公司	1
123	兰州大学出版社有限责任公司	1
124	株式会社树立社	1
125	圣智学习亚洲有限公司 Cengage Learning Asia Pte Ltd.	1
126	新华出版社有限责任公司	1
127	北京联合出版有限责任公司	1
128	福建人民出版社有限责任公司	1
129	安徽教育出版社	1
130	吉林出版集团股份有限公司	1
131	上海文艺出版社有限公司	1
132	安徽人民出版社	1
133	中国图书进出口(集团)有限公司	1
134	四川天地出版社有限公司	1
135	南京师范大学出版社有限责任公司	1
136	贵州科技出版社有限公司	1
137	东方出版中心有限公司	1
138	华东理工大学出版社有限公司	1
139	黄山书社	1
140	武汉大学出版社有限责任公司	1
141	广东教育出版社有限公司	1
142	成都西南交大出版社有限公司	1
143	重庆大学出版社有限公司	1
144	中国大百科全书出版社有限公司	1
145	天津古籍出版社有限公司	1
146	北京长江新世纪文化传媒有限公司	1

续表

排名	获资助单位	获资助图书数量
147	北方妇女儿童出版社有限责任公司	1
148	上海少年儿童出版社有限公司	1
149	广西师范大学出版社集团有限公司	1
150	广西民族出版社	1
151	江苏凤凰少年儿童出版社有限公司	1
152	化学工业出版社有限公司	1
153	冶金工业出版社有限公司	1

资料来源:2019—2023年经典中国国际出版工程项目立项名单。

附表3　2019—2023年经典中国国际出版工程获资助项目外译语种及立项数量(部分)

序号	外译语种	立项数量
1	英文	207
2	西班牙文	30
3	韩文	27
4	俄文	24
5	日文	21
6	法文	20
7	德文	18
8	阿拉伯文	15
9	意大利文	13
10	土耳其文	6
11	哈萨克文	5
12	尼泊尔文	2
13	哈萨克斯坦文	2
14	波兰文	2
15	越南文	2
16	蒙古文	1

续表

序号	外译语种	立项数量
17	波斯文	1
18	挪威文	1
19	阿尔巴尼亚文	1
20	基里尔蒙古文	1
21	僧伽罗文	1
22	葡萄牙文	1
23	希伯来文	1

资料来源:2019—2023年经典中国国际出版工程项目立项名单。

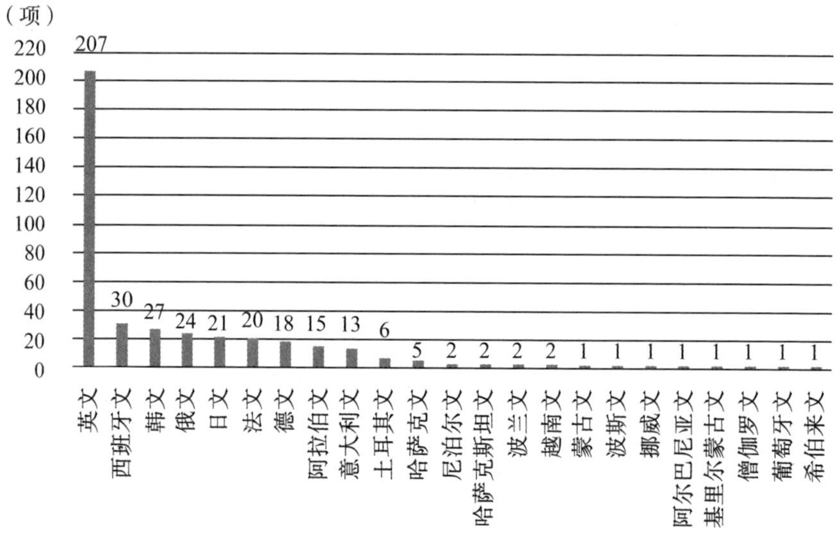

附图2 2019—2023年经典中国国际出版工程获资助项目外译语种及立项数量

资料来源:2019—2023年经典中国国际出版工程项目立项名单。

2019—2023年经典中国国际出版工程获资助项目图书共计576本,现以词频统计的方式呈现经典中国国际出版工程项目图书主题。

附表4　经典中国国际出版工程项目图书题目词频统计TOP 100

序号	单词	词频	加权百分比（%）	序号	单词	词频	加权百分比（%）
1	中国	175	10.69	51	扶贫	4	0.24
2	时代	18	1.10	52	政治	4	0.24
3	故事	17	1.04	53	敦煌	4	0.24
4	当代	15	0.92	54	数据	4	0.24
5	文化	15	0.92	55	方案	4	0.24
6	共产党	14	0.86	56	生活	4	0.24
7	发展	14	0.86	57	童话	4	0.24
8	经济	13	0.79	58	经典	4	0.24
9	特色	12	0.73	59	艺术	4	0.24
10	社会主义	11	0.67	60	贫困	4	0.24
11	历史	10	0.61	61	世纪	3	0.18
12	实践	9	0.55	62	丝绸	3	0.18
13	文明	9	0.55	63	人民	3	0.18
14	社会	9	0.55	64	党	3	0.18
15	思想	8	0.49	65	共同体	3	0.18
16	外交	7	0.43	66	制度	3	0.18
17	改革	7	0.43	67	博物馆	3	0.18
18	理论	7	0.43	68	变迁	3	0.18
19	道路	7	0.43	69	和平	3	0.18
20	70	6	0.37	70	哲学	3	0.18
21	中华	6	0.37	71	国	3	0.18
22	力量	6	0.37	72	坚持	3	0.18
23	古代	6	0.37	73	城市	3	0.18
24	国家	6	0.37	74	复兴	3	0.18
25	国际	6	0.37	75	大国	3	0.18
26	建设	6	0.37	76	山海经	3	0.18

续表

序号	单词	词频	加权百分比（%）	序号	单词	词频	加权百分比（%）
27	民族	6	0.37	77	工业	3	0.18
28	科学	6	0.37	78	强国	3	0.18
29	问题	6	0.37	79	思维	3	0.18
30	世界	5	0.31	80	战略	3	0.18
31	儿童	5	0.31	81	技术	3	0.18
32	全球	5	0.31	82	振兴	3	0.18
33	奇迹	5	0.31	83	探索	3	0.18
34	工程	5	0.31	84	政治经济学	3	0.18
35	平易近人	5	0.31	85	政策	3	0.18
36	开放	5	0.31	86	文学	3	0.18
37	改变	5	0.31	87	春秋	3	0.18
38	构建	5	0.31	88	汉语	3	0.18
39	治理	5	0.31	89	理念	3	0.18
40	现代化	5	0.31	90	童年	3	0.18
41	生态	5	0.31	91	美	3	0.18
42	百年	5	0.31	92	自然	3	0.18
43	脱贫	5	0.31	93	遗产	3	0.18
44	语言	5	0.31	94	针灸	3	0.18
45	乡村	4	0.24	95	长江	3	0.18
46	人类	4	0.24	96	1949	2	0.12
47	传统	4	0.24	97	上海	2	0.12
48	全面	4	0.24	98	丝绸之路	2	0.12
49	命运	4	0.24	99	中医	2	0.12
50	家庭	4	0.24	100	中学	2	0.12

资料来源：2019—2023年经典中国国际出版工程项目立项名单。

附图3　2019—2023年经典中国国际出版工程获资助项目图书词云

二、"丝路书香工程"重点翻译资助项目

"丝路书香工程"是中国新闻出版业唯一进入国家"一带一路"战略的重大项目,于2014年12月5日正式获得中宣部批准立项,规划设计到2020年,其中2014—2015年重点项目包括5大类8项,涵盖重点翻译资助项目、丝路国家图书互译项目、汉语教材推广项目、境外参展项目、出版物数据库推广项目等。

"丝路书香工程"旨在加快推动中国精品图书、汉语教材在丝路国家出版发行,搭建我国对丝路国家的图书版权贸易平台、出版信息资讯平台,形成与丝路国家新闻出版资源互联互通、内容共同发掘、渠道共享共用的发展格局。

2019—2023年"丝路书香工程"获资助项目数量、立项单位及图书数量、外译语种及立项数量、图书主题情况如附图4—附图5、附表5—附表7所示。

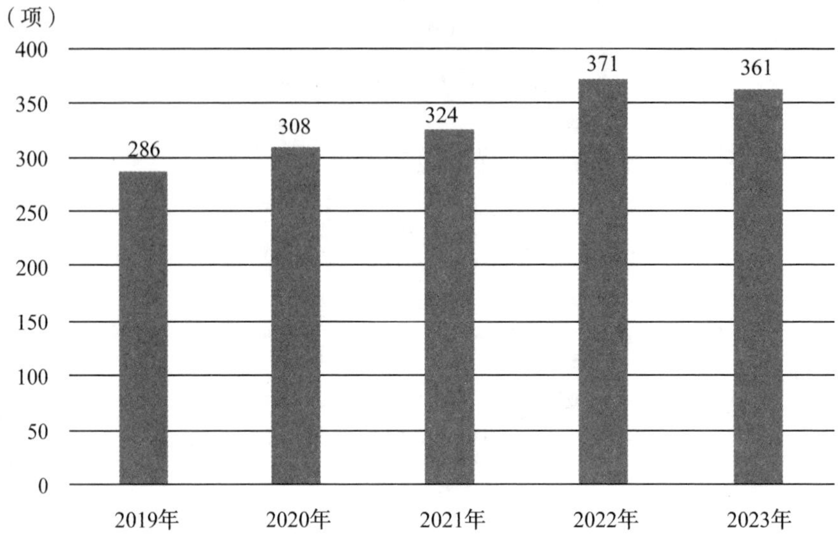

附图4　2019—2023年“丝路书香工程”获资助项目统计

资料来源：2019—2023年“丝路书香工程”项目立项名单。

附表5　2019—2023年“丝路书香工程”获资助项目立项单位及图书数量

单位：项

排名	立项单位	图书数量
1	中国图书进出口(集团)总公司/中国图书进出口(集团)有限公司	99
2	人民出版社	96
3	中国人民大学出版社有限公司	83
4	社会科学文献出版社	67
5	五洲传播出版社	54
6	中国社会科学出版社	43
7	北京尚斯国际文化交流有限责任公司	37
8	江苏求真译林出版有限公司	36
9	生活·读书·新知三联书店	34
10	北京大学出版社(有限公司)	30
11	外语教学与研究出版社有限责任公司	29

续表

排名	立项单位	图书数量
12	中信出版集团(股份有限公司)	28
13	北京师范大学出版社(集团)有限公司	28
14	上海交通大学出版社有限公司	25
15	中国大百科全书出版社有限公司	25
16	中华书局有限公司	25
17	北京出版集团有限责任公司	25
18	中国少年儿童新闻出版总社(有限公司)	23
19	外文出版社有限责任公司	20
20	天津人民出版社(有限公司)	20
21	浙江大学出版社有限责任公司	19
22	中国科技出版传媒股份有限公司	18
23	新星出版社(有限责任公司)	17
24	作家出版社有限公司	16
25	中南出版传媒集团股份有限公司(湖南教育出版社分公司)	16
26	人民文学出版社(有限公司)	16
27	清华大学出版社有限公司	15
28	陕西师范大学出版总社(有限公司)	15
29	浙江教育出版社集团有限公司	15
30	浙江人民出版社	14
31	化学工业出版社有限公司	14
32	新华出版社	14
33	明天出版社有限公司	13
34	山东文艺出版社有限公司	12
35	人民邮电出版社有限公司	12
36	山东科学技术出版社有限公司	12
37	中央编译出版社	11
38	中国画报出版社有限责任公司	11

续表

排名	立项单位	图书数量
39	江苏凤凰科学技术出版社有限公司	11
40	浙江少年儿童出版社	11
41	人民卫生出版社有限公司	11
42	浙江科学技术出版社有限公司	11
43	人民日报出版社有限责任公司	10
44	江西人民出版社有限责任公司	10
45	人民东方出版传媒有限公司	10
46	中国教育图书进出口有限公司	10
47	接力出版社有限公司	10
48	山东教育出版社有限公司	10
49	江苏译林出版社有限公司	9
50	四川人民出版社有限公司	9
51	高等教育出版社有限公司	9
52	北京汇瑞嘉辰文化传播有限公司	9
53	华东师范大学出版社有限公司	9
54	安徽少年儿童出版社	9
55	浙江文艺出版社有限公司	9
56	学习出版社(有限公司)	8
57	江西教育出版社有限责任公司	8
58	广东科技出版社有限公司	8
59	国防工业出版社	8
60	长江少年儿童出版社(集团)有限公司	8
61	重庆出版传媒股份有限公司	8
62	希望出版社	8
63	上海文艺出版社有限公司	8
64	人民天舟(北京)出版有限公司	7
65	江苏凤凰少年儿童出版社	7

续表

排名	立项单位	图书数量
66	中国书籍出版社有限公司	7
67	商务印书馆有限公司	7
68	广东花城出版社有限公司	7
69	海豚出版社	7
70	上海人民出版社	7
71	福建人民出版社(有限责任公司)	6
72	中译出版社有限公司	6
73	新蕾出版社(天津)有限公司	6
74	上海少年儿童出版社有限公司	6
75	北京语言大学出版社有限公司	6
76	安徽文艺出版社	6
77	河南文艺出版社有限公司	6
78	人民交通出版社股份有限公司	6
79	大象出版社有限公司	6
80	二十一世纪出版集团有限公司	6
81	人民美术出版社	5
82	中国农业出版社有限公司	5
83	四川天地出版社(有限公司)	5
84	广东教育出版社有限公司	5
85	河南科学技术出版社有限公司	5
86	湖北科学技术出版社有限公司	5
87	重庆大学出版社	5
88	福建少年儿童出版社	5
89	海燕出版社有限公司	5
90	中国科学技术出版社有限公司	5
91	北京理工大学出版社有限责任公司	5
92	云南大学出版社	5

续表

排名	立项单位	图书数量
93	现代教育出版社有限公司	5
94	湖南人民出版社有限责任公司	4
95	江西美术出版社有限责任公司	4
96	中国商业出版社有限公司	4
97	机械工业出版社(有限公司)	4
98	中国建筑出版传媒有限公司(中国建筑工业出版社)	4
99	中国经济出版社有限公司	4
100	河北人民出版社有限责任公司	4
101	中国广播影视出版社有限公司	4
102	现代出版社有限公司	4
103	江苏凤凰美术出版社	4
104	广东人民出版社有限公司	4
105	春风文艺出版社	4
106	江苏凤凰文艺出版社有限公司	4
107	天天出版社有限责任公司	4
108	儿童出版社有限责任公司	4
109	新世界出版社	4
110	经济科学出版社	4
111	安徽人民出版社	4
112	北京十月文艺出版社	4
113	江苏人民出版社	3
114	浙江古籍出版社有限公司	3
115	山东画报出版社有限公司	3
116	北京时代华文书局有限公司	3
117	中国水利水电出版社有限公司	3
118	教育科学出版社有限公司	3
119	山西经济出版社有限责任公司	3

续表

排名	立项单位	图书数量
120	山东人民出版社有限公司	3
121	广西人民出版社有限公司	3
122	陕西人民出版社有限责任公司	3
123	北京燕山出版社有限公司	3
124	上海教育出版社	3
125	黄山书社	3
126	陕西三秦出版社有限责任公司	3
127	吉林出版集团股份有限公司	3
128	新疆青少年出版社	3
129	中国中医药出版社有限公司	3
130	中国科技资料进出口总公司	3
131	人民音乐出版社有限公司	3
132	中国轻工业出版社	3
133	百花文艺出版社(天津)有限公司	3
134	天津科学技术出版社有限公司	3
135	朝华出版社有限责任公司	3
136	百花文艺出版社	3
137	浙江摄影出版社	2
138	浙江工商大学出版社	2
139	山东齐鲁书社出版有限公司	2
140	安徽美术出版社	2
141	辽宁人民出版社(有限公司)	2
142	中共中央党校出版社	2
143	中国言实出版社有限公司	2
144	北京华语联合出版有限责任公司	2
145	上海科学技术出版社有限公司	2
146	江苏凤凰教育出版社	2

续表

排名	立项单位	图书数量
147	山东友谊出版社有限公司	2
148	光明日报出版社	2
149	湖南岳麓书社有限责任公司	2
150	西藏人民出版社	2
151	漓江出版社有限公司	2
152	四川文艺出版社	2
153	电子工业出版社有限公司	2
154	辽宁科学技术出版社有限责任公司	2
155	天津教育出版社有限公司	2
156	河南人民出版社	2
157	东方出版中心	2
158	湖北教育出版社有限公司	2
159	(山西)三晋出版社	2
160	北京科学技术出版社有限公司	2
161	广东经济出版社有限公司	2
162	天津杨柳青画社有限公司	2
163	江西高校出版社	2
164	燕山大学出版社	2
165	河南美术出版社	2
166	大连出版社	2
167	陕西未来出版社	2
168	贵州人民出版社有限公司	2
169	中国青年出版总社有限公司	2
170	新经典文化股份有限公司	2
171	北京少年儿童出版社	2
172	哈尔滨工业大学出版社有限公司	2
173	青岛出版社	2

续表

排名	立项单位	图书数量
174	党建读物出版社	1
175	黑龙江科学技术出版社有限公司	1
176	上海外语教育出版社有限公司	1
177	河北教育出版社	1
178	中国文联出版社有限公司	1
179	开明出版社有限公司	1
180	文物出版社有限公司	1
181	荣宝斋出版社	1
182	北京日报出版社	1
183	天津古籍出版社有限公司	1
184	云南美术出版社	1
185	读者出版社有限责任公司	1
186	中国工人出版社	1
187	中国铁道出版社有限公司	1
188	百花洲文艺出版	1
189	辽宁少年儿童出版社有限责任公司	1
190	江苏凤凰少儿出版社	1
191	中航出版传媒有限责任公司	1
192	吉林科学技术出版社有限责任公司	1
193	同济大学出版社有限公司	1
194	广西科学技术出版社有限公司	1
195	中国计划出版社有限公司	1
196	北京体育大学出版社	1
197	宁夏人民出版社	1
198	中国财政经济出版社	1
199	复旦大学出版社	1
200	华中师范大学出版社有限责任公司	1

续表

排名	立项单位	图书数量
201	深圳出版社有限公司	1
202	上海书画出版社有限公司	1
203	宁夏智慧宫文化传媒有限公司	1
204	文心出版社有限公司	1
205	中国财富出版社有限公司	1
206	浙江人民美术出版社有限公司	1
207	山东大学出版社	1
208	湖北美术出版社有限公司	1
209	云南教育出版社有限责任公司	1
210	山西人民出版社有限责任公司	1
211	郑州大学出版社有限公司	1
212	山东美术出版社有限公司	1
213	广东岭南美术出版社有限公司	1
214	华文出版社有限公司	1
215	研究出版社有限公司	1
216	四川美术出版社	1
217	世界知识出版社有限公司	1
218	四川巴蜀书社有限公司	1
219	四川大学出版社有限责任公司	1
220	江西科学技术出版社有限责任公司	1
221	云南人民出版社有限责任公司	1
222	上海文化出版社有限公司	1
223	广东新世纪出版社有限公司	1
224	重庆出版社有限责任公司	1
225	湖南文艺出版社有限责任公司	1
226	陕西科学技术出版社有限责任公司	1
227	地质出版社有限公司	1

续表

排名	立项单位	图书数量
228	中国科学技术大学出版社	1
229	安徽科学技术出版社	1
230	石油工业出版社有限公司	1
231	中国地图出版社有限公司	1
232	长江文艺出版社有限公司	1
233	甘肃少年儿童出版社	1
234	云南晨光出版社有限责任公司	1
235	上海科学技术文献出版社	1
236	四川美术出版社	1
237	北方妇女儿童出版社	1
238	中国和平出版社有限责任公司	1

资料来源:2019—2023年“丝路书香工程”项目立项名单。

附表6　2019—2023年“丝路书香工程”获资助项目外译语种及立项数量

单位:项

排名	外译语种	立项数量
1	阿拉伯文	300
2	俄文	187
3	英文	161
4	意大利文	67
5	西班牙文	60
6	法文	56
7	哈萨克文	54
8	印地文	46
9	波斯文	42
10	越南文	42
11	蒙古文	40

续表

排名	外译语种	立项数量
12	波兰文	39
13	白俄罗斯文	36
14	土耳其文	35
15	尼泊尔文	34
16	葡萄牙文	34
17	罗马尼亚文	33
18	德文	29
19	泰文	28
20	韩文	27
21	乌尔都文	27
22	吉尔吉斯文	25
23	印尼文	24
24	塞尔维亚文	21
25	马来文	20
26	马来西亚文	15
27	阿尔巴尼亚文	14
28	乌克兰文	14
29	希伯来文	12
30	亚美尼亚文	12
31	印度尼西亚文	11
32	格鲁吉亚文	10
33	老挝文	10
34	日文	10
35	保加利亚文	9
36	乌兹别克文	9
37	匈牙利文	6
38	僧伽罗文	5

续表

排名	外译语种	立项数量
39	斯瓦希里文	5
40	荷兰文	4
41	孟加拉文	4
42	柬埔寨文	3
43	捷克文	3
44	克罗地亚文	3
45	马其顿文	3
46	普什图文	3
47	拉脱维亚文	2
48	立陶宛文	2
49	挪威文	2
50	土耳其文—中文	2
51	阿尔巴尼亚文—英文	1
52	阿拉伯文—中文	1
53	阿塞拜疆文	1
54	爱沙尼亚文	1
55	波兰文—中文	1
56	波斯尼亚文	1
57	菲律宾文	1
58	希腊文	1
59	越南文—中文	1
60	祖鲁文	1

资料来源:2019—2023年“丝路书香工程”项目立项名单。

2019—2023年“丝路书香工程”重点翻译资助项目图书共计1650本,现以词频统计的方式呈现“丝路书香工程”图书主题。

附表7 “丝路书香工程”图书题目词频统计TOP100

序号	单词	词频	加权百分比(%)	序号	单词	词频	加权百分比(%)
1	中国	636	10.42	51	制度	12	0.20
2	故事	87	1.43	52	北京	12	0.20
3	文化	73	1.20	53	工程	12	0.20
4	发展	72	1.18	54	敦煌	12	0.20
5	时代	65	1.07	55	智慧	12	0.20
6	经济	65	1.07	56.	现代化	12	0.20
7	社会主义	50	0.82	57	转型	12	0.20
8	共产党	48	0.79	58	乡村	11	0.18
9	特色	45	0.74	59	城市	11	0.18
10	历史	43	0.70	60	浙江	11	0.18
11	思想	43	0.70	61	理论	11	0.18
12	文明	43	0.70	62	经验	11	0.18
13	世界	40	0.66	63	肺炎	11	0.18
14	百年	32	0.52	64	艺术	11	0.18
15	中华	31	0.51	65	交流	10	0.16
16	国家	28	0.46	66	党	10	0.16
17	社会	28	0.46	67	合作	10	0.16
18	道路	28	0.46	68	国际	10	0.16
19	人类	27	0.44	69	大国	10	0.16
20	实践	25	0.41	70	建筑	10	0.16
21	命运	23	0.38	71	汉语	10	0.16
22	治理	23	0.38	72	生态	10	0.16
23	技术	21	0.34	73	疫	10	0.16
24	改革	21	0.34	74	病	10	0.16
25	构建	21	0.34	75	简史	10	0.16
26	科学	21	0.34	76	70	9	0.15

续表

序号	单词	词频	加权百分比(%)	序号	单词	词频	加权百分比(%)
27	问题	21	0.34	77	世纪	9	0.15
28	党史	20	0.33	78	价值	9	0.15
29	共同体	20	0.33	79	家	9	0.15
30	丝绸之路	18	0.29	80	海外	9	0.15
31	传统	18	0.29	81	现代	9	0.15
32	少年	18	0.29	82	遗产	9	0.15
33	古代	16	0.26	83	马克思	9	0.15
34	开放	16	0.26	84	2018	8	0.13
35	当代	15	0.25	85	人物	8	0.13
36	总书记	15	0.25	86	全球	8	0.13
37	治国	15	0.25	87	古典	8	0.13
38	科技	15	0.25	88	哲学	8	0.13
39	精神	15	0.25	89	国	8	0.13
40	外交	14	0.23	90	复兴	8	0.13
41	孩子	14	0.23	91	天下	8	0.13
42	建设	14	0.23	92	小康	8	0.13
43	贫困	14	0.23	93	平易近人	8	0.13
44	坚持	13	0.21	94	政治经济学	8	0.13
45	战略	13	0.21	95	故宫	8	0.13
46	扶贫	13	0.21	96	文化史	8	0.13
47	改变	13	0.21	97	方法	8	0.13
48	中医	12	0.20	98	民族	8	0.13
49	人民	12	0.20	99	词典	8	0.13
50	典故	12	0.20	100	语言	8	0.13

资料来源:2019—2023年“丝路书香工程”项目立项名单。

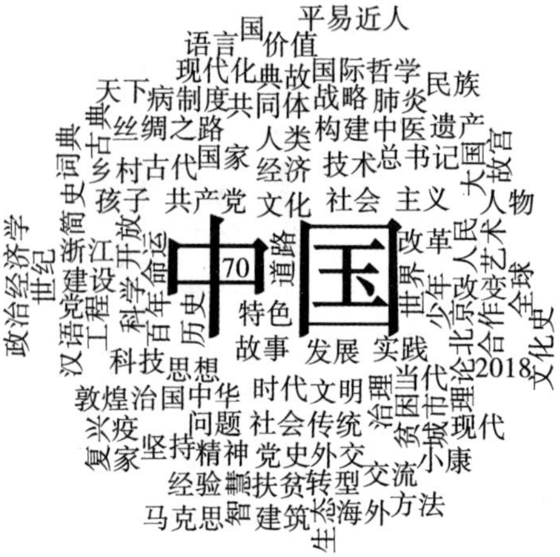

附图5　2019年—2023年“丝路书香工程”获资助项目图书词云

资料来源:2019—2023年“丝路书香工程”项目立项名单。

三、中华学术外译项目

中华学术外译项目隶属于国家社科基金,立足于学术层面,主要资助我国原创哲学社科类著作在国外权威出版机构出版,并依托国外主流渠道进行发行与推广,旨在发挥国家社科基金的示范引导作用,深化中外学术交流和对话,进一步扩大中国学术的国际影响力,促进中外文明交流互鉴。

中华学术外译项目名单现截至2023年。2019—2023年中华学术外译项目资助项目数量、项目类别、外译语种情况如附图6—附图8、附表8所示。

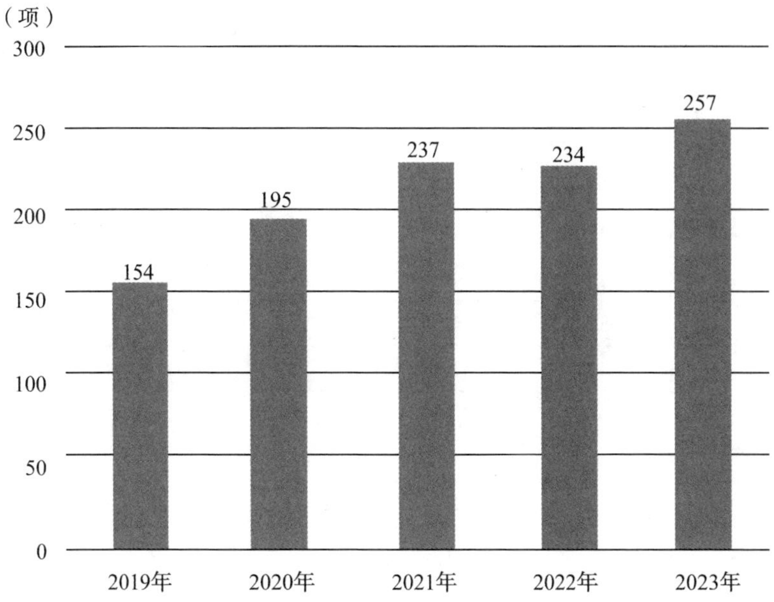

附图6　2019—2023年中华学术外译项目获资助项目数量

资料来源:2019—2023年中华学术外译项目立项名单。

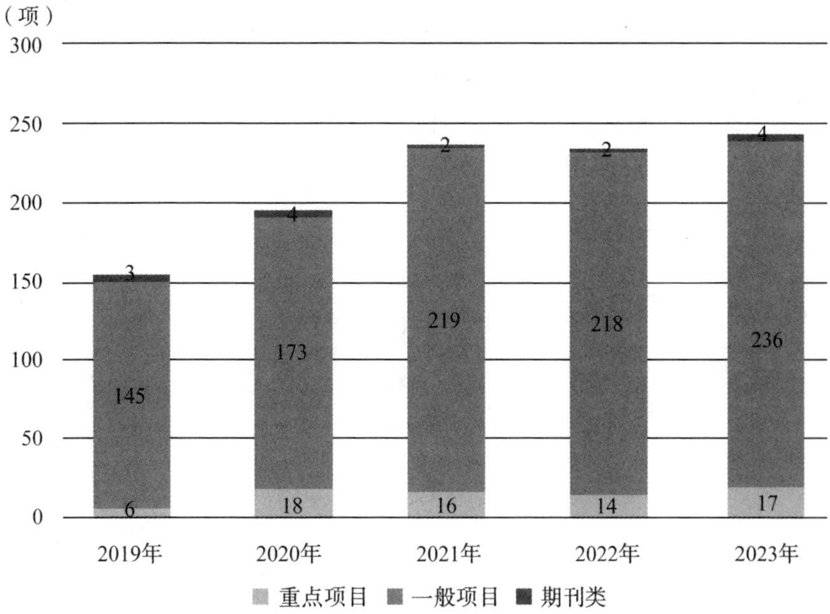

附图7　2019—2023年中华学术外译项目类别

资料来源:2019—2023年中华学术外译项目立项名单。

附表 8　2019—2022 年中华学术外译项目获资助外译语种项目数

单位:项

	2019 年	2020 年	2021 年	2022 年	2023 年
英文	86	99	142	146	165
韩文	16	16	16	10	9
俄文	14	16	17	13	22
法文	11	14	13	12	7
日文	11	16	15	17	11
阿拉伯文	4	2	2	4	3
德文	4	13	11	12	17
西班牙文	3	9	6	1	4
波兰文	1	1	0	0	1
波斯文	1	1	1	1	1
吉尔吉斯文	1	0	1	1	0
蒙古文	1	0	1	2	1
匈牙利文	1	0	0	0	0
意大利文	0	2	4	5	3
葡萄牙文	0	1	2	1	2
泰文	0	1	1	0	0
土耳其文	0	1	1	2	1
乌兹别克文	0	1	0	0	0
印地文	0	1	0	0	1
越南文	0	1	1	3	3
哈萨克文	0	0	1	1	2
马来文	0	0	1	0	1
斯瓦希里文	0	0	1	0	0
印度尼西亚文	0	0	0	2	1
塔吉克文	0	0	0	1	0
柬埔寨文	0	0	0	0	1
乌尔都文	0	0	0	0	1

资料来源:2019—2023 年中华学术外译项目立项名单。

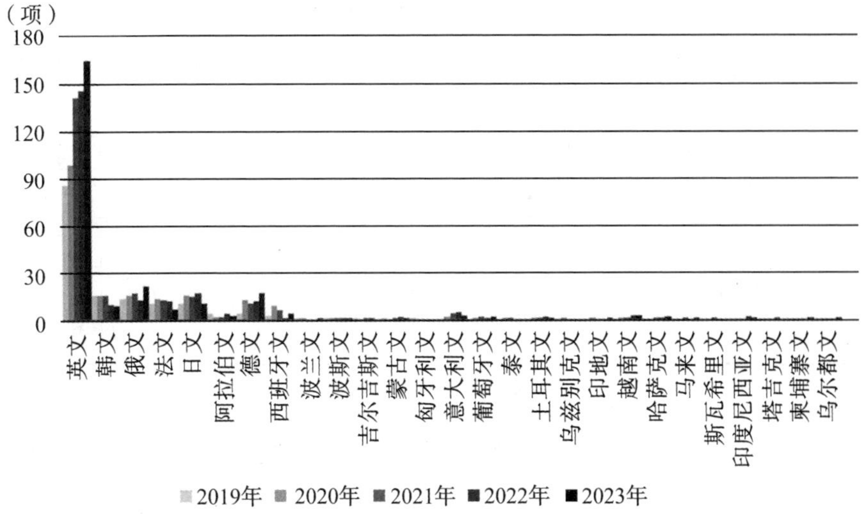

附图8　2019—2023年中华学术外译项目外译语种统计

资料来源:2019—2023年中华学术外译项目工程立项名单。

四、图书版权贸易情况

“十四五”时期是我国全面开启建设社会主义现代化国家新征程的第一个五年。版权作为知识产权的组成部分、文化的基础资源、创新的重要体现和国民经济的支柱产业,在加快构建新发展格局以及建设创新型国家和文化强国、知识产权强国进程中,地位越来越重要、作用越来越显著。同时,版权作为国家综合实力的重要指标,已成为国际竞争的核心要素。加强版权国际交流与合作,积极推动建立平衡有效的国际版权体系,加快提升我国版权国际影响力和话语权,成为版权工作“十四五”时期极其重要的任务之一。

版权贸易工作是中华文化“走出去”战略的重要手段和主要途径,在促进中华文化的海外传播、增强中国文化软实力、深化世界不同文明交流互鉴的过程中发挥着巨大作用。

本书成稿时《中国统计年鉴》数据截至2023年,因此主要附加2019—2023年的统计数据。2019—2023年中国图书版权、电子出版物版权引进输出情况,及中国图书、期刊、报纸与音像、电子出版物进出口情况如附表9—附表11、附图9所示。

附表 9　2019—2023 年中国图书版权引进输出情况

	2019年	2020年	2021年	2022年	2023年
图书版权引进(项)	15684	13919	12005	10791	9835
图书版权引进占比(%)	97.17	98.12	98.24	98.96	97.92
图书版权输出(项)	13680	12915	11795	11072	11509
图书版权输出占比(%)	86.76	92.95	92.36	92.98	98.11
引进输出比	1.15:1	1.08:1	1.02:1	0.97:1	0.85:1

资料来源:2020—2024 年《中国统计年鉴》。

附表 10　2019—2023 年中国电子出版物版权引进输出情况

	2019年	2020年	2021年	2022年	2023年
电子出版物引进(项)	11	33	28	2	85
电子出版物引进占比(%)	0.07	0.23	0.23	0.01	0.85
电子出版物输出(项)	838	736	714	571	55
电子出版物输出占比(%)	5.31	5.30	5.59	4.80	0.47
引进输出比	0.013:1	0.045:1	0.039:1	0.004:1	1.545:1

资料来源:2020—2024 年《中国统计年鉴》。

附表 11　2019—2023 年中国图书、期刊、报纸与音像、电子出版物进出口情况

单位:万美元

		图书	期刊	报纸	音像、电子出版物
2019年	进口	24147.74	13365.54	1047.23	41116.31
	出口	5521.35	516.34	42.00	205.90
	差额	18626.39	12849.20	1005.23	40910.41
2020年	进口	23137.80	12245.32	833.17	43293.73
	出口	2803.55	437.80	21.45	171.74
	差额	20334.25	11807.52	811.72	43121.99
2021年	进口	25138.51	11732.55	987.52	42688.27
	出口	3211.32	326.26	1.45	185.19

续表

		图书	期刊	报纸	音像、电子出版物
2021年	差额	21927.19	11406.29	986.07	42503.08
2022年	进口	21631.34	10625.66	944.39	43501.49
	出口	3085.14	182.67	3.95	124.21
	差额	18546.20	10442.99	940.44	43377.28
2023年	进口	23838.63	10351.50	703.58	46147.84
	出口	3159.73	165.61	2.17	194.73
	差额	20678.90	10185.89	701.41	45953.11

资料来源:2020—2024年《中国统计年鉴》。

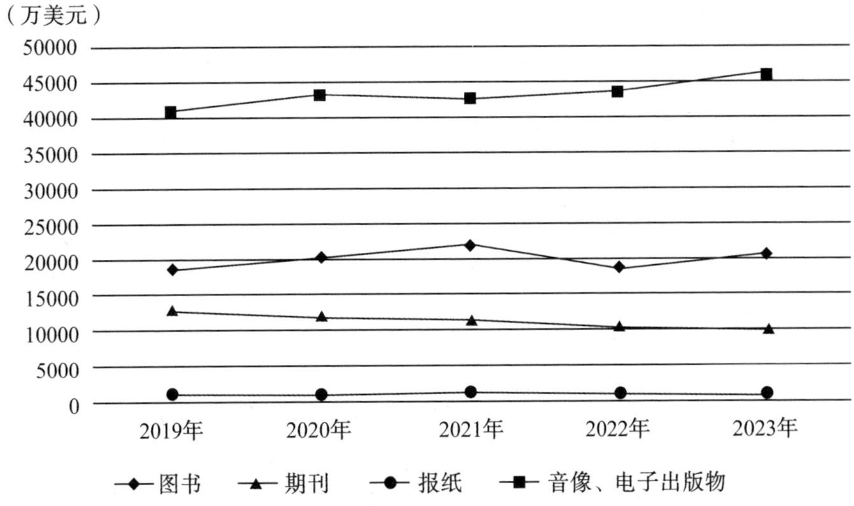

附图9　2019—2023年中国图书、期刊、报纸与音像、电子出版物贸易逆差

资料来源:2020—2024年《中国统计年鉴》。

参考文献

[1] 阳继波.对外出版的外宣意识研究[J].科技传播,2018,10(23):170-171.

[2] 裴永刚,索煜祺.文化数字化战略下我国数字出版对外传播体系建设[J].出版广角,2024(1):34-40.

[3] 孙云鹏.新时代出版"走出去"工作的探索与思考[J].科技与出版,2022(2):63-67.

[4] 王晓晖.加强国际传播能力建设,精心构建对外话语体系[J].马克思主义与现实,2014(4):1-3.

[5] 蒋茂凝.促进对外出版贸易高质量发展的分析与思考[J].中国出版,2019(24):15-18.

[6] 蒋茂凝,钱风强.新中国70年对外出版贸易发展历程阶段性分析[J].出版发行研究,2019(12):13-16.

[7] 冯洁.新中国成立初期(1949—1966年)我国对外出版贸易的制度建构[J].出版发行研究,2019(9):104-107.

[8] 曹入云."一带一路"战略下中国出版对外贸易研究[D].济南:济南大学,2018.

[9] 朱义华,王宏.对外出版中的外宣意识研究[J].出版发行研究,2018(3):84-87.

[10] 刘鑫.共同体框架下童书对外出版讲好中国故事的策略:以博洛尼亚书展为视角[J].今传媒,2021,29(9):82-85.

[11] 王文权,李泽桦,于凤静.中国减贫经验对外出版的意义及策略[J].科技与出版,2020(9):118-124.

[12] 徐永红.跨文化传播视阈下中医药图书对外出版策略思考[J].科技与出版,2019(9):116-120.

[13] 卢芳珠,李彪.增强文化自信　主动构建话语权:对外传播中的出版话语体系构建路径研究[J].出版广角,2020(17):20-23.

[14] 章宏,林慧冰."一带一路"视角下对外出版话语体系的构建路径[J].出版广角,2020(10):24-27.

[15] 蒲瑶,陆明.构建面向人类命运共同体的中国文化对外出版话语体系[J].中国出版,2019(5):61-63.

[16] 孙万军.中华文化对外出版话语体系构建探析[J].中国出版,2016(17):15-18.

[17] 缪立平.出版走出去与对外话语体系建设[J].出版参考,2021(6):4.

[18] 李旦.学术出版"走出去"与对外话语体系建设[J].出版广角,2017(18):38-40.

[19]《习近平关于实现中华民族伟大复兴的中国梦论述摘编》多语种外语翻译出版座谈会暨"对外话语体系建设中的中央文献翻译"研讨会在京召开[J].马克思主义与现实,2014(4):2.

[20] 成晟.文化"软实力"视角下的中国出版业"走出去"战略研究[D].南京:南京大学,2015.

[21] 姜伟娜.近代中国出版走出去研究[D].北京:北京印刷学院,2015.

[22] 周蔚华,杨石华.中国出版对外交流与国际合作40年[J].中国出版,2018(20):19-26.

[23] 时方圆.传统大众出版发展知识型MCN的理论模型与现实路径研究[D].上海:华东师范大学,2021.

[24] 孙婷,王健.数字时代学术出版融合发展的初步探索[J].出版广角,2020(18):16-18.

[25] 谢炜.新时代学术出版高质量发展探索:以社会科学文献出版社为例[J].出版广角,2020(18):6-9.

[26] 刘灿姣.我国教育出版发展现状与趋势[J].出版与印刷,2007(1):7-9.

[27] 李依环.教育部:76个国家将中文纳入国民教育体系[EB/OL].(2022-06-28) [2024-09-23]. http://www.moe.gov.cn/fbh/live/2022/54618/mtbd/202206/t20220629_641889.html?ivk_sa=1023197a.

[28] 曹明香，项国雄．“十三五”以来我国出版业“走出去”现状与品牌优化策略[J]．出版广角，2021(1)：28-31．

[29] 王杏．我国大众图书出版数字化转型策略研究[D]．郑州：郑州大学，2017．

[30] 刘丹丹．出版融合视角下我国大众出版的知识服务研究[D]．郑州：郑州大学，2019．

[31] 史竞男．报告显示：“一带一路”国际出版合作取得新成果[EB/OL]．(2023-04-07) [2024-09-21]http://www. news. cn/book/20230407/33dc5bb0f0394920abcfa8bd9bc5b66d/c.html．

[32] 焦贵萍．浅谈我国学术出版的现状及发展对策[J]．中国编辑，2012(6)：52-55．

[33] 赵剑英．新时代中国学术出版的职责使命与发展趋势[J]．中国出版，2022(11)：9-11．

[34] 谢娜．用学术话语讲好中国故事：北京大学出版社在“一带一路”出版合作中的实践与思考[J]．出版广角，2023(24)：15-20．

[35] 郝天韵．强强联合蓄力文化“出海”[N]．中国新闻出版广电报，2023-08-04(007)．

[36] 中国社会科学出版社．「我们这十年(4)」助力构建中国话语体系，推动中国学术、中国文化走向世界：新时代中国社会科学出版社国际出版发展之路[EB/OL]．(2022-10-15) [2024-03-05]．https://baijiahao. baidu. com/s? id=1746725270545889202&wfr=spider&for=pc．

[37] 秦茂盛，祝翠华．依托母体高校优势打造特色学术出版品牌：以西安交通大学出版社为例[J]．出版广角，2023(14)：16-20．

[38] 王一赛．以学术外译助力中国学术观点“走出去”：专访中国外文局原副局长兼总编辑黄友义[J]．对外传播，2023(10)：36-39．

[39] 邬书林．高质量发展是出版“走出去”的前提和基础[J]．新阅读，2023(9)：8-10．

[40] 2022中国图书海外馆藏影响力报告发布[J]．出版与印刷，2022(6)：101．

[41] 潘丽媛．我国学术出版对外传播能力提升研究[D]．西安：长安大学，2021．

[42] 诸葛蔚东，刘明，马晨一．中华学术外译项目实施现状分析及优化建议：基于对2010—2021年立项项目的考察[J]. 出版广角，2022(21)：54-61.

[43] 吕秋莎．中华学术外译项目助力中国学术著作走出去：基于中华学术外译项目2010—2020年的统计分析[J]. 出版参考，2021(11)：26-32.

[44] 李永强．促进学术出版国际化 推动中国经验“走出去”[J]. 出版发行研究，2015(8)：11-13.

[45] 孙万军．中华文化对外出版话语体系构建探析[J]. 中国出版，2016(17)：15-18.

[46] 俞玮奇，韩进拓．国际中文教育图书的海外出版传播对策研究：基于亚马逊网站图书的统计分析[J]. 科技与出版，2021(11)：34-39

[47] 罗云．国际汉语教材《走遍中国》里中国国家文化形象的构建研究：以文化角模块为例[D]. 贵州：贵州大学，2023.

[48] 吴平．对外汉语教材与国家形象[C]//全球修辞学会(The Global Rhetoric Society)，国际语言传播学会(International Language Communication Society). 第二届国际语言传播学前沿论坛论文集．北京：第二外国语学院汉语学院，2013：8.

[49] 唐琪佳．论国际汉语教材编辑的有所为与有所不为[J]. 出版参考，2020(12)：55-57.

[50] 姚子慧．《发展汉语》与《博雅汉语》中的国家形象对比研究[D]. 北京：北京外国语大学，2021.

[51] 张小婷．国际汉语教材中的中国文化形象建设研究[D]. 南昌：江西师范大学，2020.

[52] 江宇豪，刘永凤．国际汉语教材中的虚拟人物形象设计对比研究：以《长城汉语》和《新实用汉语课本》为例[J]. 文教资料，2022(23)：201-207.

[53] 朱勇，张舒．国际汉语教材中国人物形象自塑研究[J]. 华文教学与研究，2018(3)：24-30＋54.

[54] 张栋．唱歌学汉语类国际汉语教材研究[D]. 郑州：郑州大学，2018.

[55] 管鑫．商务汉语教材编写现状分析[D]. 广东：广州大学，2021.

[56] 王静．对外汉语数字化交互式电子教材分析与使用研究：以《新概念汉语(英语版)1》为例[D]. 济南：山东师范大学，2021.

[57] 刘继璇．泰国初级汉语教材词汇对比研究：以《汉语教程》与《跟我学汉

语》为例[D]. 焦作:河南理工大学,2022.

[58] 刘悦淼. 语言与文化传播视域下的国际汉语教材出版[J]. 出版广角,2021(13):89-91.

[59] 司红霞,冯淋,舒中满. 国际中文教材的发展与展望[J]. 昆明学院学报,2023,45(1):51-63.

[60] 梁宇,邵亦鹏. 国际中文教育教学资源发展报告2022[M]. 北京:北京语言大学出版社,2022.

[61] 赵晓霞. 中文学习:这些教材可以选[N]. 人民日报海外版,2022-05-13(11).

[62] 周天甲,吴长安. 国际汉语教材海外推广策略探析[J]. 出版广角,2021(18):63-65.

[63] 安玲慧.《发展汉语》中级教材英译同译词研究[D]. 长春:吉林大学,2022.

[64] 葛怀瑾. 初级对外汉语教材汉英翻译问题研究:以《快乐汉语》为例[D]. 南昌:江西师范大学,2017.

[65] 杨刚. 斯里兰卡汉语教学与推广的现状、问题及前景[J]. 东南亚南亚研究,2012(4):65-69+92.

[66] 唐琪佳. 论国际汉语教材编辑的有所为与有所不为[J]. 出版参考,2020(12):55-57.

[67] 俞玮奇,韩进拓. 国际中文教育图书的海外出版传播对策研究:基于亚马逊网站图书的统计分析[J]. 科技与出版,2021(11):34-39.

[68] 戚德祥. 基于语言与文化传播的国际汉语教材出版研究[J]. 科技与出版,2019(6):13-17.

[69] 丁安琪. 中外合作:汉语教材国际推广的重要途径[J]. 国际汉语教学研究,2015(2):8-10.

[70] 杨旭,周舒艺,张芎曼. 为什么是《走遍中国》[N]. 人民日报,2012-12-17(10).

[71] 罗显宁. 刍议出版社经营管理中的关键环节[J]. 现代经济信息,2019(12):430.

[72] 何军民,刘洪权. 抓好四大关键环节,打造主题出版精品:以长篇历史小说《觉醒年代》为中心的考察[J]. 出版发行研究,2022(12):47-51+99.

[73] 孙玮.大众出版国际传播创新路径探析[J].科技与出版,2021(11):40-45.

[74] 虞婧.《2023中国网络文学出海趋势报告》发布:网文IP全球圈粉[N].中国作家网,2023-12-08.

[75] 李萍.中华文化海外传播的策略性思考:基于“四大名著”海外传播的分析[J].现代传播(中国传媒大学学报),2012(01):147-148.

[76] 陈甜.古典文学的海外传播及启示:以《三国演义》为例[J].社会科学家,2017(9):145-148.

[77] 郭竞.也谈中国文学翻译出版“走出去”:以中国网络文学欧美热为例[J].出版广角,2017(3):85-87.

[78] 何明星,杜佳慧.2023,出版机构海外馆藏影响力哪家强?[N].中国出版传媒商报,2023-06-17.

[79] 韩建民等,高度与温度:主题出版研究导论[M].北京:人民邮电出版社,2023.

[80] 陈大亮,张诗莫.《习近平谈治国理政》海外传播与接受效果面面观[J].翻译研究,2023(2):67-84.

[81] 池步云,王怡霖.中国式现代化理念对外出版话语体系建构的逻辑理路与实践进路:基于共情传播理论视角[J].科技与出版,2023(7):32-39.

[82] 中国外文局.IP合作、数字版权……中国主题图书出海跑出“加速度”[N].出版商务网,2023-07-10.

[83] 李俊程.少儿出版视域下的“陈伯吹国际儿童文学奖”品牌传播研究[D].上海:华东师范大学,2023.

[84] 刘卫华.中华优秀传统体育文化对外译介跨文化传播研究[M].成都:电子科技大学出版社,2019.

[85] 吴斐.视觉文化时代我国民族史诗典籍对外出版与传播研究[J].贵州民族研究,2022(2):131-137.

[86] 2021年新闻出版产业分析报告[EB/OL].(2023-02-22)[2024-01-02]. https://www.nppa.gov.cn/xxgk/fdzdgknr/tjxx/202305/P020230530667517704140.pdf.

[87] 陈丹,郑泽钒.中国数字出版产品“走出去”:现状、挑战与对策[J].科技与出版,2021(11):13-22.

[88] 匡霞,杨扬.超媒体叙事下大众出版融合发展策略研究[J].出版发行研

究,2019(1):25-27+34.

[89] 王奥.国际传播视角下中国故事的跨媒体叙事研究[D].天津:天津体育学院,2021.

[90] 杜大力,赵玉山,邢自兴.从大数据看新中国70年出版成就与发展历程[N].中国新闻出版广电报,2019-09-30.

[91] 渠竞帆.中国图书"走出去"的故事[N].中国出版传媒商报,2023-06-09(07).

[92] 息慧娇.十八大以来中国出版业"走出去"概况[J].科技与出版,2019,38(2):67-71.

[93] 范军,刘钊.亚洲经典著作互译计划:战略意义与实施路径[J].中国出版,2022(20):28-32.

[94] 高靖,张子骞.国际出版界为何如此青睐中国学术图书?[N].中新社新媒体平台,2022-12-08.

[95] 黄先蓉,马兰.我国专业少儿出版社的国际传播能力研究:基于对九家专业少儿出版社的抽样调查与分析[J].出版发行研究,2019(4):74-78.

[96] 刘扬帆.中国原创儿童绘本走出去研究[D].长沙:湖南师范大学,2021.

[97] 胡译文.全球价值链视角下中国出版业国际化路径研究:基于四家中国出版集团的跨案例分析[D].上海:华东政法大学,2023.

[98] 梁志.发挥地缘优势　推动广西出版"走出去"[J].当代广西,2023(21):14.

[99] 王泳波.坚持胸怀天下　推动出版国际化:以少儿出版"走出去"为例[J].科技与出版,2023(5):19-27.

[100] 潘海清.地方艺术出版社国际合作出版浅析:以广西美术出版社日本编辑部为例[J].出版广角,2020(14):54-56.

[101] 出版业"十四五"时期发展规划[EB/OL].(2021-12-28)[2024-01-02].https://www.nppa.gov.cn/xxfb/tzgs/202112/P020221129376042550150.pdf

[102] 范军,刘钊.亚洲经典著作互译计划:战略意义与实施路径[J].中国出版,2022(20):28-32.

[103] 张艺兵."一带一路"背景下的中国:中东欧出版交流与合作[J].出版发行研究,2017(8):18-22.

[104] 谢清风."六力"促进出版高质量发展和出版强国进程[J].科技与出版,2022(3):前插4+5-12.

[105] 许阳阳.出版“走出去”与国家形象建构研究[D].广东财经大学,2023.

[106] 许惟一.社科文献社:深耕学术出版打造“一带一路”对外传播新矩阵[N].国际出版周报,2023-11-27(005).

[107] 刘蓓蓓.做深做实对外出版　创新拓展国际市场[N].中国新闻出版广电报,2022-06-24(001).

[108] 以创新推动对外出版贸易高质量发展[J].科技与出版,2020(3):117.

[109] 蒋茂凝.促进对外出版贸易高质量发展的分析与思考[J].中国出版,2019(24):15-18.

[110] 李小春.红色文化对外翻译出版:意义特征、挑战及优化策略[J].中国出版,2024(1):57-60.

[111] 戚德祥,方大军.新形势下出版国际影响力提升策略[J].出版参考,2021(6):5-8+17.

[112] 许惟一.周青:创新对外文化传播模式　推动出版高水平“走出去”[N].国际出版周报,2023-10-16(007).

[113] 中国出版政府奖(印刷复制奖)[J].中国印刷,2017(1):32-33.

[114] 杨凡,徐江欣.设计与印刷:出版业务链视角下的图书呈现:以接版图设计制作为例[J].北京印刷学院学报,2024,32(1):46-52.

[115] 卢秀琴.方正硬核软件技术助力印刷出版高质量发展[J].印刷工业,2023(4):28-30.

[116] 童俊峰.履行政治责任,高质量做好人民日报出版印刷工作[J].新闻战线,2023(17):12-14.

[117] 王勤,祝小霖.赴出版印刷之约　襄产业融合盛事[N].中国新闻出版广电报,2023-11-15(T01).

[118] 赵晓非,张君.人教社对外汉语教材研发出版工作的发展和创新[J].出版参考,2017(10):17-20.

[119] 陈道德.传播学[M].武汉:武汉测绘科技大学出版社,1996.